PADRES EXAUSTOS

Dados Internacionais de Catalogação na Publicação (CIP)
(Câmara Brasileira do Livro, SP, Brasil)

Sanagiotto, Vagner
  Padres exaustos : a síndrome de burnout no contexto eclesial brasileiro / Vagner Sanagiotto. – Petrópolis, RJ : Vozes, 2023.

  Bibliografia.

  1ª reimpressão, 2023.

  ISBN 978-65-5713-971-4

  1. Clero – Brasil 2. Estresse – Aspectos psicológicos 3. Saúde mental – Aspectos religiosos – Cristianismo 4. Síndrome de burnout e depressão I. Título.

23-151642   CDD-158.723

Índices para catálogo sistemático:
1. Síndrome de burnout : Psicologia aplicada   158.723

Eliane de Freitas Leite – Bibliotecária – CRB 8/8415

Vagner Sanagiotto

PADRES EXAUSTOS

A síndrome de burnout
no contexto eclesial brasileiro

Petrópolis

© 2023, Editora Vozes Ltda.
Rua Frei Luís, 100
25689-900 Petrópolis, RJ
www.vozes.com.br
Brasil

Todos os direitos reservados. Nenhuma parte desta obra poderá ser reproduzida ou transmitida por qualquer forma e/ou quaisquer meios (eletrônico ou mecânico, incluindo fotocópia e gravação) ou arquivada em qualquer sistema ou banco de dados sem permissão escrita da editora.

CONSELHO EDITORIAL

Diretor
Volney J. Berkenbrock

Editores
Aline dos Santos Carneiro
Edrian Josué Pasini
Marilac Loraine Oleniki
Welder Lancieri Marchini

Conselheiros
Elói Dionísio Piva
Francisco Morás
Gilberto Gonçalves Garcia
Ludovico Garmus
Teobaldo Heidemann

Secretário executivo
Leonardo A.R.T. dos Santos

Editoração: Fernando Sergio Olivetti da Rocha
Diagramação: Raquel Nascimento
Revisão gráfica: Nilton Braz da Rocha
Capa: Rafael Nicolaevsky

ISBN 978-65-5713-971-4

Este livro foi composto e impresso pela Editora Vozes Ltda.

Agradecimentos

Ao Comissariado Geral dos Carmelitas do Paraná por ter disponibilizado o tempo suficiente para as minhas pesquisas.

Aos presbíteros e aos religiosos consagrados brasileiros que responderam à pesquisa sobre a síndrome de burnout.

Aos grandes amigos e incentivadores das minhas pesquisas: Aureliano Pacciolla, Wilma Peruzzi e Ivani Pinheiro Ribeiro.

Ao diácono permanente José Antônio Schweitzer pela dedicação e disponibilidade na correção da língua portuguesa.

Sumário

Lista de figuras e tabelas, 13

Apresentação, 15

Introdução, 19

I – As muitas faces do estresse: a síndrome de burnout, 23

  1 Da fadiga do trabalho à teoria do estresse, 24

    1.1 O estresse e os eventos estressores, 25

    1.2 Estresse: a síndrome da adaptação geral, 27

    1.3 Os efeitos psicológicos do estresse, 29

  2 Os efeitos psicológicos do estresse: o nascimento do burnout, 30

    2.1 A síndrome de burnout: da resistência à exaustão, 31

    2.2 A processualidade da síndrome de burnout, 33

  3 O desenvolvimento histórico da pesquisa empírica sobre burnout, 35

    3.1 A fase pioneira: a aspecto clínico do burnout, 36

    3.2 A fase empírica do burnout, 39

    3.3 O burnout: da globalidade conceitual ao diagnóstico psicológico, 43

  4 Síntese conclusiva, 45

  Janela interativa – O conteúdo, 47

II – A síndrome de burnout no âmbito eclesial, 49

  1 A síndrome de burnout entre os presbíteros e os religiosos consagrados, 51

1.1 Aspectos empíricos do burnout entre os presbíteros e os religiosos consagrados, 53

2 A síndrome de burnout entre os presbíteros e religiosos consagrados brasileiros, 55

2.1 Aspectos introdutivos da síndrome de burnout no âmbito eclesial brasileiro, 56

2.2 As características da síndrome de burnout no âmbito eclesial brasileiro, 59

2.2.1 O estresse, o burnout e as estratégias de *coping*, 59

2.2.2 O burnout e a instituição eclesial, 60

2.2.3 O burnout no discurso do sujeito coletivo, 61

2.2.4 O burnout na perspectiva empírica, 62

3 Síntese conclusiva, 65

Janela interativa – O burnout na minha prática pastoral, 67

III – Na busca pelos traços do burnout na práxis pastoral, 69

1 A função dos fatores individuais no desenvolvimento do burnout, 72

1.1. Fatores relacionados ao tempo: idade, consagração e trabalho, 73

1.2 Fatores relacionados à motivação individual, 75

1.3 Fatores relacionados à estrutura de personalidade, 79

2 A função dos fatores institucionais para a fadiga pastoral, 80

2.1 A pastoral das muitas coisas para se fazer, 81

2.2 O sentido de pertencimento e a solidão eclesial, 83

2.3 O ambiente afetivo e o burnout pastoral, 86

3 O perfil dos presbíteros e religiosos consagrados mais suscetíveis ao burnout, 89

4. Síntese conclusiva, 91

IV – O burnout e os aspectos psicoafetivos na práxis pastoral, 95

  1 Estilo relacional e coerência de vida em Cristo, 96

    1.1 Os riscos de uma vida consumida pelos outros, 98

    1.2 A imaturidade na vida religiosa consagrada e presbiteral, 101

  2 "Exerces a cura de almas? Não descures então o cuidado de ti próprio", 102

    2.1 O risco da imaturidade psicoafetiva, 103

    2.2 O risco de normalizar comportamentos disfuncionais, 104

  3 Vivências disfuncionais no contexto das relações pastorais, 106

    3.1 A história de uma "neurose pastoral", 109

    3.2 A empatia nas relações pastorais, 111

  4 Algumas considerações sobre o estresse afetivo, 112

    4.1 A encruzilhada do burnout: entre o mal-estar individual e o comunitário, 113

    4.2 O uso de estratégias inadequadas no estresse afetivo, 115

  5 Síntese conclusiva: a formação para um estilo de vida autêntico, 116

V – A outra face do altruísmo pastoral, 119

  1 Significados psicológicos do altruísmo, 121

    1.1 O altruísmo colaborativo, 122

    1.2 O altruísmo de confiança, 123

    1.3 O altruísmo normativo, 125

  2 Quando o altruísmo se torna egoísta, 126

    2.1 O paradoxo do altruísmo, 127

    2.2 O dilema do altruísmo pastoral, 129

  3 O caso de um altruísmo especial: a síndrome de burnout, 131

    3.1 Os tipos de altruísmo, 134

3.2 O altruísmo autêntico e os valores pessoais, 136

Janela interativa – Um olhar sobre mim mesmo e sobre minha prática pastoral, 139

VI – A prevenção da síndrome de burnout no âmbito pastoral, 143

1 Da formação inicial à formação permanente, 143

1.1 Três fatores preventivos relevantes para a formação permanente, 149

2 O burnout pastoral e a "neurose existencial", 152

2.1 A busca de sentido e a resposta vocacional, 153

2.2 Quando a identidade presbiteral ou consagrada perde o sentido, 154

3 A práxis pastoral e o preço de ajudar os outros, 158

3.1 Reconhecer os próprios limites, 160

3.2 O burnout como ocasião de crescimento e formação permanente, 162

3.3 Recuperar a genuinidade da escolha vocacional, 164

4 O psicodiagnóstico preventivo, 166

4.1 O psicodiagnóstico na perspectiva vocacional, 166

4.2 O aspecto aplicativo do psicodiagnóstico na perspectiva vocacional, 171

Janela interativa – Fazendo uma síntese, 175

VII – A síndrome de burnout: entre as características de personalidade e a gestão das emoções, 177

1 Referencial teórico, 177

1.1 A síndrome de burnout e as características de personalidade, 178

1.2 A síndrome de burnout e a inteligência emotiva, 180

1.3 Hipóteses de pesquisa, 181

2 Metodologia usada na pesquisa, 182

   2.1 Participantes da pesquisa, 183

   2.2 Instrumentos usados na pesquisa, 183

   2.3 Procedimento usado para recolher os dados, 185

3 Análise dos resultados da pesquisa, 185

   3.1 Análise descritiva da síndrome de burnout, 185

   3.2. Correlação entre as variáveis estudadas, 186

      3.2.1 Correlação entre MBI-HSS e SEIS-P, 187

      3.2.2. Correlação entre MBI-HSS e PID-5 (FB), 188

      3.2.3 Correlação entre SEIS-P e PID-5 (FB), 189

   3.3 Aspectos preditivos da síndrome de burnout, 190

      3.3.1 Aspectos preditivos da exaustão emocional (EE), 191

      3.3.2 Aspectos preditivos da despersonalização (DP), 193

      3.3.3 Aspectos preditivos da realização pessoal (PA), 194

4 Análise das hipóteses de pesquisa, 196

   4.1 Análise diagnóstica da síndrome de burnout, 196

   4.2 Análise da correlação entre as variáveis estudadas, 198

   4.3 Análise dos aspectos preditivos da síndrome de burnout, 199

5 Síntese conclusiva, 199

Referências, 203

Lista de figuras e tabelas

Figura 1 – O ciclo do estresse, 29

Figura 2 – O ciclo do estresse e o burnout, 32

Tabela 1 – Correlação entre as escalas do MBI-HSS e do SEIS-P, 187

Tabela 2 – Correlação entre as escalas do MBI-HSS e do PID-5 (FB), 189

Tabela 3 – Correlação entre as escalas do SEIS-P e do PID-5 (FB), 190

Tabela 4 – Regressão linear múltipla hierárquica com a escala EE como variável dependente, 192

Tabela 5 – Regressão linear múltipla hierárquica com a escala DP como variável dependente, 194

Tabela 6 – Regressão linear múltipla hierárquica com a escala PA como variável dependente, 195

Tabela 7 – Confronto dos resultados do MBI-HSS no âmbito eclesial brasileiro, 197

Tabela 8 – Síntese dos resultados da análise das hipóteses, 201

Apresentação

No exato momento em que me pus a escrever a apresentação deste livro do Frei Vagner, recebi a notícia triste de que outro padre, com apenas 15 anos de ministério e 42 de vida, foi encontrado sem vida, em uma diocese do Brasil. Até aqui, tudo leva a crer que tenha sido suicídio. Penso que só esta notícia seria suficiente para justificar as páginas que você lerá de agora em diante.

O tema merece reflexão. Não há mais como "tapar o sol com a peneira", como se costuma dizer. O cansaço daqueles que, de tão bons, estão adoecendo, não pode simplesmente ser considerado uma consequência a mais na ampla lista de possíveis causas para o que se nos escancara aos olhos.

Embora o termo burnout já tenha sido pisado e repisado em tantos cursos com o clero e os/as religiosos/as, parece que ainda não é o bastante para que pensemos concretamente em ações e disposições a fim de combater este mal. Vemos e sentimos o drama; contudo, há pouca ação real para mitigar este sofrimento tão gritante.

Como se verá ao longo desta obra, as razões por que se chega a este ponto são muitas. Há explicações, teorias, responsabilidades múltiplas que nos fazem compreender a gravidade da situação; não obstante, ainda temos de fazer um longo percurso até chegarmos a uma condição saudável de vida para os nossos "pastores".

O fato de ter podido trabalhar por alguns anos com religiosas, religiosos e sacerdotes nesta situação particular, quando atuava numa instituição que naquele momento se propunha a cuidar deles, fez-me compreender com mais compaixão como é o universo interno destes homens e mulheres, com tudo o que isso acarreta. Frei Vagner explicita de forma muito clara e aberta o que se passa, como surge e o que significa para cada um entrar nesta "espiral" de dor e frustração diante dos grandes projetos sonhados com tanta intensidade.

Como o próprio autor faz ver, na medida em que a práxis pastoral vai exigindo, cada um se lança com mais vontade e dedicação em sua missão. No afã de atender às demandas que aparecem, com a responsabilidade pela instauração do reino e o desejo de corresponder ao que se espera de um sacerdote ou consagrado, todos vão ao extremo de suas possibilidades. E quando as forças começam a faltar, parece que brota no interior de cada um algum tipo de cobrança para consigo mesmo, por não estar mais fazendo tudo o que fazia. Nesta condição, aumenta-se o esforço, busca-se forças sabe Deus onde e... tenta-se continuar com o mesmo grau de desempenho. Isso se torna uma espécie de ciclo vicioso, pois quanto mais o sujeito se dedica, mais se esgota, mais se sente inadequado, e, portanto, na sua percepção ele precisa se doar mais, afinal, é preciso morrer pela causa!

O que poucos percebem é que este muito fazer vai gerando, ainda que aos poucos, um distanciamento de si próprio. O distanciamento de si implica necessariamente um afastamento também de sua vida de interioridade. É como se o sujeito fosse caminhando cada vez para mais longe de seu centro, de si mesmo, conformado pela convicção de que está dando tudo o que pode e tem para a construção do reino, concretamente ali, na sua comunidade. E este é o grande problema. Distante de si e de sua vida de interioridade, embora fazendo o bem, vai acontecendo um esfriamento do entusiasmo, certa indiferença diante dos fatos, cansaço físico e mental, e, aos poucos, o mais grave, uma perda do sentido. Perda do sentido de si, do sentido de missão, e perda do próprio sentido da vida.

Nesta condição, a busca pela ajuda médica é mais do que urgente, seja ela por iniciativa própria, ou por alguém que percebe o quadro se agravando. Entra a medicação e faz o seu efeito. Em algum tempo, o sujeito recupera suas forças e seu vigor. Mas ele continua distante de si e do seu centro! Este retorno para sua interioridade, para dentro de si, a medicação não proporciona. Tal caminho só pode ser feito pelo próprio sujeito, talvez com algum tipo de ajuda externa. Porque, uma vez que as forças e a energia foram refeitas com a ajuda químico/medicamentosa, provavelmente ele voltará a se lançar outra vez no fazer, até que novamente o ciclo se complete.

Não é tão simples para o indivíduo perceber o caminho que está tomando. Muitos nem se dão conta; outros se negam a aceitar que assim é. Há quem relute em aceitar ajuda por considerar isso um sinal de fraqueza! Mas quem convive com a pessoa sabe como as coisas estão caminhando; quem a acompanha, que, aliás, deve ser a missão de todo superior, está percebendo o desastre que se anuncia. É hora de intervir.

Frei Vagner mostra tudo isso em seu livro, trazendo dados reais de sua pesquisa, mostrando as várias teorias que corroboram estas ideias. A realidade é esta, aqui descrita de forma palpável, acrescida dos números e índices que comprovam as palavras que de há muito vêm sendo ditas.

Nossa esperança é de que este conteúdo nos ajude a sermos mais humanos na exigência para com aqueles que se consagram para viver sua existência em prol do serviço do reino. E que nossos superiores se posicionem antes que estas coisas aconteçam, para que evitemos a somatória de casos cada vez mais elevada em que nossos irmãos se tiram a vida por já não conseguirem mais enxergar a razão e o sentido de seu ministério.

Adalto Luiz Chitolina
Janeiro de 2023.

Introdução

No dia dos votos perpétuos, um religioso consagrado, que havia feito um longo percurso de formação inicial, era muito feliz, mesmo que um pouco nervoso e preocupado que tudo ocorresse bem. Logo depois foi ordenado diácono, na sequência presbítero, e nos primeiros anos de práxis pastoral teve muitas alegrias e satisfações: todos eram contentes com a sua dedicação a todos, com a sua dinâmica litúrgica, com a sua generosidade.

Com o passar do tempo, o trabalho pastoral aumentava, porém, os elogios diminuíam. Para muitos dos paroquianos, a dinâmica frenética do jovem presbítero era "normal", que ele deveria ser assim mesmo, já que essa era a sua vocação: viver inteiramente pelo Reino de Deus. Com o passar do tempo, começaram a surgir algumas cobranças. A relação fraterna com o pároco começou a piorar: eram dois padres com idades diferentes, formas diferentes de pensar a pastoral, que tinham os compromissos com a congregação religiosa.

Aos poucos, os "fãs" do jovem e dinâmico presbítero começaram a fazer comparações entre os padres. Além disso, o jovem presbítero gostaria de colocar em prática uma nova forma de se fazer pastoral. Com frequência, não encontrava espaço dentro do rígido planejamento pastoral da paróquia, baseado no "sempre foi feito desse modo". Mesmo assim, procurava se envolver ao máximo em atender os pedidos que os fiéis lhe faziam, tantas vezes encontrando resistência do pároco, seu confrade. Diante da procura de ajuda da parte dos fiéis, gostaria de dizer não para muitas coisas, mas sentia que estava diminuindo o seu ministério presbiteral.

Aos poucos, começou a germinar no interior do jovem presbítero a suspeita que a sua vocação não passava de uma ideia abstrata, já que não conseguia colocar em prática aquilo que havia imaginado que fosse ser um bom padre. Quando participava dos encontros da congregação religiosa ou da diocese, parecia que cada padre fazia o seu caminho, sem compartilhar nem colaborar uns com os outros. O jovem presbítero começou a ver uma realidade eclesial diferente, sobre a qual durante a formação inicial ninguém o tinha advertido. Não se tratava mais de fatos longínquos, as dificuldades eclesiais tinham nome e sobrenome.

O entusiasmo dos primeiros anos de ministério pastoral era confrontado com uma realidade nem sempre condizente com os valores evangélicos. O resultado dessa discrepância gerou no jovem presbítero comportamentos que antes não eram observados: frieza nas relações, cansaço constante, não se preocupava mais em preparar as homilias etc. Tal mudança não deixou de ser percebida pelas pessoas que eram próximas a ele: o pároco considerava que era uma crise normal e que ele estava "caindo na realidade", o médico queria receitar remédio antidepressivo, o diretor espiritual o acusava de não rezar o suficiente, os padres saudosistas consideravam que a formação do seminário não preparava os padres para enfrentar as dificuldades da vida, até surgiu a conversa de que ele estava apaixonado.

O que fazer nessa situação? Não sabia muito bem a quem recorrer para pedir ajuda. Conversar com o superior? Poderiam pensar: "esse nem bem se ordenou padre e já arruma confusão". Pedir um ano sabático? Mas tão jovem e já está cansado! Pedir transferência para outra paróquia não garantiria que seria diferente. Muitos pensamentos começaram a surgir no coração do jovem presbítero, até mesmo aquele de "largar a batina" e recomeçar a vida, encontrar um novo sentido para viver. Mas, no fundo, sabia que Deus o havia chamado para ser padre. "Talvez – concluiu ele – a melhor forma é levar em frente de qualquer modo, até que chegue a maturidade e tudo isso passa."

Histórias como essas são muito frequentes nos nossos contextos eclesiais. Muitos presbíteros e religiosos consagrados, plenamente envolvidos nos trabalhos pastorais que lhes foram confiados, se encontram cansados e psicologicamente esgotados.

Refletir sobre o estilo de vida dos presbíteros e dos religiosos consagrados e sobre o modo como esses se envolvem com a práxis pastoral significa refletir sobre a caridade pastoral como a expressão do dom total de si mesmo. A dedicação total ao próximo impulsiona os presbíteros e os religiosos consagrados a estarem sempre disponíveis, a ponto de deixarem-se absorver pelas necessidades pastorais, mesmo correndo o risco de não conseguir ter tempo para cuidarem de si mesmos.

Quando a dedicação incondicional é desligada do caminho de fé e das motivações que fundamentam a identidade presbiteral e religiosa, facilmente se desenvolvem condições de cansaço e de tensão emotiva. O presbítero ou o religioso consagrado pode continuar a "correr atrás" das tantas atividades, mas sem saber o *porquê*; pode continuar a dedicar-se ao próximo, mas sem saber *por quem* faz isso. De fato, as pesquisas nos indicam que a dedicação pastoral, sem uma permanente disponibilidade ao crescimento humano e espiritual, poderá diminuir a motivação vocacional, conduzindo, em certos casos, a condições psicopatológicas.

Na tentativa de diminuir o vazio interior, gerado pela desmotivação vocacional, o presbítero ou o religioso consagrado tenderá a se dedicar sempre mais, na esperança de encontrar um motivo para seguir em frente. Porém, o empenho sem um porquê aumenta o vazio interior, até chegar ao ponto de não conseguir mais prosseguir. Tal dinâmica reativa se enquadra entre as características descritivas dos trabalhos que têm, como objetivo, ajudar as pessoas em suas necessidades físicas, psicológicas ou materiais. Em síntese, estamos nos referindo a uma particular forma de adaptação ao estresse, a chamada síndrome de burnout.

Na dinâmica de conflito interior, os fatores individuais e socioculturais são determinantes para o desenvolvimento de uma particular forma de incompatibilidade que conduz o presbítero ou o religioso consagrado a reagir com alguns comportamentos estereotipados. Em outras palavras, referimo-nos a um estilo de vida que tende a "normalizar" e a justificar comportamentos disfuncionais, que podem ser um claro sinal de uma "neurose pastoral": a falta de oração, o pouco tempo para si mesmo, o muito trabalho para fazer, a excessiva disponibilidade, as relações ambíguas, o isolamento do presbitério ou da comunidade religiosa.

Tais situações, muitas vezes, não são observadas, porque, mesmo em uma condição de crise existencial e vocacional, o presbítero ou o religioso consagrado continua a fazer os seus deveres, mesmo quando os sintomas são evidentes. Estas situações de dificuldade podem ser uma oportunidade para o amadurecimento humano e vocacional, uma oportunidade para a formação permanente. Referimo-nos a um cuidado que não se reduz ao diagnóstico psicopatológico, mas a uma formação permanente aberta e atenta às possibilidades de revitalização e redescoberta do chamado de Deus, presente em cada presbítero ou religioso consagrado.

A retomada do caminho vocacional é possível somente com a redescoberta do espaço ocupado pela dimensão espiritual na vida do presbítero ou do religioso consagrado. Se o significado profético da vocação é vivido na sua plenitude, a vivência de uma afetividade integrada estará em sintonia com o sentido evangélico da existência. Toda vez que o presbítero ou o religioso consagrado consegue realizar tais objetivos, abre-se o caminho para o crescimento humano e espiritual, visto que àquela juventude do espírito convida a participar do projeto salvífico de Deus, com "um modo específico de ser, de servir e de amar"[1].

O percurso do presente livro se concentra em quatro objetivos principais: o primeiro deles é indicar as referências teóricas nas quais nos baseamos para abordar a síndrome de burnout no âmbito eclesial brasileiro; o segundo objetivo é refletir sobre a síndrome de burnout, tendo como base a realidade que vivem os presbíteros e os religiosos consagrados. Por isso, no transcorrer dos capítulos, referimo-nos a exemplos práticos; o terceiro objetivo é possibilitar a você, leitor, olhar para a sua forma de envolvimento pastoral; enfim, o quarto objetivo é fazer a passagem e incentivar as pesquisas sobre a síndrome de burnout no contexto eclesial brasileiro. Então, boa leitura!

---

1. JOÃO PAULO II. *Exortação Apostólica pós-sinodal* Vita Consecrata. São Paulo: Paulinas, n. 70, 1996.

I
As muitas faces do estresse: a síndrome de burnout

O que acontece a nível psicológico com aqueles que trabalham intensamente com os problemas psicológicos, sociais ou físicos dos outros? Desde o início do século passado, essa questão tornou-se um desafio para diversos estudiosos na área da saúde mental, principalmente nas pesquisas relacionadas ao trabalho. Um dos conceitos amplamente usados para descrever o processo de exaustão mental, principalmente a partir do início dos anos de 1970, foi o burnout.

Antes de mais nada, temos que considerar que o burnout não nasceu improvisamente, como se fosse uma teoria destacada do contexto sociocultural e epistemológico que marcou uma época. O desenvolvimento de uma linha de pesquisa teórica geralmente vem acompanhado da sistematização de um conjunto de ideias que procuram responder aos desafios vindos das transformações socioculturais, aos diversos fenômenos que intermeiam as relações interpessoais, econômicas e organizativas. O contexto em que se desenvolveu o conceito de burnout é marcado por profundas transformações no campo da pesquisa sobre os problemas psicológicos relacionados ao trabalho, especialmente no século XX.

Por isso, identificar as bases teóricas que sustentam a síndrome de burnout nos permite ultrapassar os limites dos fenômenos esporádicos para estudar a complexidade que caracteriza o nosso objeto de estudo. Em linhas gerais, ao longo deste capítulo procuraremos entender como um determinado trabalho pode gerar mecanismos psicológicos desadaptativos, que conduzem o trabalhador ao sofrimento psíquico, podendo chegar a graves distúrbios psicológicos. A contextualização teórica que desenvolveremos nestas primeiras páginas não abordará especificamente a psicopatologia ligada ao trabalho, mas inseriremos alguns conceitos que nos ajudarão a entender a síndrome de burnout no âmbito eclesial, argumento dos próximos capítulos.

Como ponto de partida, devemos considerar que o conceito sobre a síndrome de burnout possui uma multiplicidade de pontos de observação. Se por um lado essa é uma vantagem que nos permite observar o mesmo fenômeno sob pontos de vista diferentes, por outro lado aumenta a complexidade teórica, tanto na busca de uma definição mais precisa quanto na elaboração das diretrizes que ajudam na prevenção ou no tratamento, quando nos deparamos com uma diagnose. É necessário levar em consideração não só o contexto de trabalho, mas também as muitas outras áreas da experiência humana, o que torna mais complexa a escolha dos parâmetros a serem observados.

A contextualização teórica do presente livro parte da evolução conceitual na qual se ancora a síndrome de burnout: o estresse. Para compreender a relação entre estresse e burnout é necessário situar adequadamente o conceito de estresse no contexto mais amplo da pesquisa. Nossa argumentação parte do princípio de que o burnout resulta de um processo relacionado aos efeitos do estresse, vindos de um determinado tipo de envolvimento com o trabalho, que se torna desadaptativo. Por esse motivo se torna necessário estudar essa particular interação entre o estresse no trabalho e o surgimento da síndrome de burnout como teoria.

1 Da fadiga do trabalho à teoria do estresse

Na psicologia, a estruturação de uma pesquisa se baseia na identificação, entre os vários fenômenos humanos, dos principais elementos que caracterizam um determinado objeto de estudo, tendo como objetivo o conteúdo que se pretende desenvolver. A contextualização teórica sobre o burnout é marcada pelo desenvolvimento de dois eventos interligados, que nos remetem ao início do século XX: o primeiro é o advento da industrialização; o segundo é a consequência desse tipo de trabalho; isto é, a chamada fadiga relacionada ao trabalho, que mais tarde se tornou a teoria do estresse. Nossa pesquisa se concentrará no segundo princípio, a saber, a teoria do estresse, da qual deriva o conceito de burnout.

Nosso ponto de partida nos remete a tempos longínquos, mais especificamente as pesquisas realizadas no início dos anos de 1900. Na sociedade dessa época, marcadamente industrializada, os pesquisadores se concentraram nos processos de seleção dos trabalhadores, em escolher a pessoa certa para o trabalho certo, com o objetivo de aumentar a eficiência produtiva dos trabalhadores[1]. As publicações se concentraram principalmente na gestão do ambiente de trabalho, do ponto de vista econômico e funcional[2]. No entanto, o enfoque na função produtiva da mão de obra humana gerou muitos problemas, que mais tarde foram denominados como psicológicos. Além da lógica da eficiência produtiva, o organismo humano segue um percurso distinto, principalmente quando está sujeito à sobrecarga de trabalho[3].

1.1 O estresse e os eventos estressores

Gradualmente, como se poderia esperar, a sobrecarga de trabalho fez que surgissem dificuldades para a vida dos trabalhadores. Com base nas informações empíricas, coletadas principalmente por parte das ciências médicas, se constatou que o corpo, quando sotoposto a condições de sobrecarga por um longo período de tempo, tende a sofrer consequências, que são prejudiciais à saúde[4]. Willian Osler (1849-1919) observou, em uma perspectiva puramente clínica, que as pessoas sotopostas a intensas atividades físicas no ambiente de trabalho tendem a ter uma trajetória de vida marcada por doenças[5]. Na compreensão do autor, dois aspectos podem ser observados: o primeiro refere-se ao *stress*, entendido como um conjunto de eventos vindos do ambiente de trabalho, que pode conduzir o trabalhador a viver uma situação de perda de controle sobre si mesmo; o segundo se refere ao termo *strain*, do qual se identifica a reação do corpo

---

1. TAYLOR, F.W. *Scientific management, comprising shop management, the principles of scientific management [and] testimony before the special house committee.* Nova York: Harper, 1947.
2. MÜNSTERBERG, H. *Psychology and industrial efficiency.* Boston: Houghton Mifflin, 1913. • WALTHER, L. *Tecnopsicologia do trabalho industrial.* São Paulo: Melhoramentos, 1929.
3. CANNON, W. *La saggezza del corpo.* Milão: Bompiani, 1956.
4. GOLDSTEIN, D.; KOPIN, I. Evolution of concepts of stress. *Stress*, v. 10, n. 2, p. 109-120, 2007.
5. OSLER, W. *The evolution of modern medicine.* Londres: Gutenberg, 1913.

a situações estressantes. Osler, embora não identifique uma relação direta de causa-efeito entre estresse e saúde, reconheceu o papel dos processos cognitivos na promoção da saúde, algo que os pesquisadores não haviam considerado até aquele momento histórico.

As primeiras observações clínicas feitas por Osler constituíram um primeiro passo no desenvolvimento de uma teoria específica sobre os eventos estressantes. Mais tarde, o neurologista Walter Cannon (1871-1945) começou a explorar a conexão entre estresse e os sintomas psicossomáticos. Em seu artigo intitulado Voodoo Death[6], Cannon descreveu o fenômeno da morte causada pelo medo. O autor refletiu extensivamente, baseado nas várias observações feitas por antropólogos, o fenômeno da morte causada por algum tipo de "maldição". A ideia desenvolvida pelo autor é que a exposição prolongada a um estado persistente de medo pode ter um resultado fatal. Essa observação constituiu uma ponte (um tanto crítica) entre a medicina, a psicologia e a psicossomática.

É interessante notar que Cannon não utilizou o termo estresse até o final de 1935, embora apareça no título do artigo Stresses and strains of homeostasis[7]; no entanto, essa terminologia não foi explicada no decorrer do próprio artigo. Independentemente disso, o artigo descreve as respostas adaptativas do corpo ao que ele chamou de "distúrbios", entendidos em sentido mais amplo como "estressores". A hipótese proposta por Cannon teoriza que todo ser humano precisa manter um equilíbrio interno, que ele chamou de "homeostase". A principal conclusão da sua pesquisa é que uma pessoa pode suportar os eventos estressantes até uma certa intensidade, porém, quando são prolongados ou muito intensos, podem causar uma perturbação do equilíbrio dos sistemas biológicos. O autor, portanto, define estresse como um conjunto de estímulos ambientais que alteram o funcionamento do organismo[8]. Essa abordagem é importante porque nos permite identificar, nos eventos estressantes, um ponto de referência objetivo.

---

6. CANNON, W. "Voodoo" death. *American Anthropologist*, v. 44, n. 2, p. 169-181, 1942.
7. CANNON, W. Stresses and strains of homeostasis. *American Journal of the Medical Sciences*, v. 189, p. 13-14, 1935.
8. *Ibid.*, p. 5.

1.2 Estresse: a síndrome da adaptação geral

Enquanto Cannon, escritor prolífico, produziu uma grande quantidade de artigos sobre respostas ao estresse agudo, Hans Selye (1907-1982) observou algo diferente na resposta ao estresse crônico. Embora Cannon tenha publicado um artigo no qual mencionava o termo estresse, como já mencionamos, foi Selye quem oficialmente cunhou uma terminologia própria para o estresse dentro da literatura médica[9]. No entanto, Selye corretamente apontou que, embora tenha sido ele quem incorporou essa palavra à terminologia médica, ele não foi o primeiro a usá-la. O termo vem da física e da indústria metalúrgica: indica uma força que produz uma tensão capaz de deformar aquilo na qual se aplica. Na concepção de Selye, o estresse corresponde a ações recíprocas de forças que se manifestam no corpo, em nível físico ou psicológico[10].

Hans Selye, contemporâneo de Cannon, que seguiu a mesma linha teórica de Osler, observou que alguns pacientes que não haviam sido diagnosticados com alguma doença de origem fisiológica, apresentavam um conjunto de sintomas que se manifestavam no corpo. É importante ressaltar que a principal diferença entre a teoria e a pesquisa conduzida por Selye e aquela de Cannon é que Selye estava interessado nos efeitos do estresse crônico, enquanto Cannon estava mais interessado nas respostas fisiológicas transitórias aos estressores agudos. Uma das primeiras experiências feitas por Selye o levou a descobrir que o organismo, quando, por exemplo, sotoposto a cirurgia, frio extremo e esforço físico excessivo, tende a manifestar respostas fisiológicas inespecíficas. O autor concluiu que essas mudanças fisiológicas eram respostas adaptativas a diversos tipos de eventos estressantes[11].

As observações clínicas, apoiadas por experimentos em laboratório, reforçaram o conceito que ele chamou de "síndrome da adaptação geral", levando-o a afirmar que a exposição prolongada ao estresse causa a chama-

---

9. HINKLE, L.E. The concept of "stress" in the biological and social sciences. *The International Journal of Psychiatry in Medicine*, v. 5, n. 4, p. 335-357, 1974.

10. SELYE, H. A Syndrome produced by diverse nocuous agents. *Nature*, v. 138, n. 3.479, p. 32, 1936.

11. SELYE, H. Stress and the general adaptation syndrome. *British Medical Journal*, v. 1, n. 4.667, p. 1.383-1.392, 1950.

da "doença da adaptação". Além de dar a primeira definição teórica clara sobre o estresse, Hans Selye também foi o primeiro a reconhecer que o estresse não apenas afetava a homeostase do organismo, tese defendida por Cannon, mas também tinha um evidente valor protetivo na manutenção da homeostase. A síndrome de adaptação geral, segundo Selye, indica que a reação às situações estressantes não é uniforme, podendo ser identificada com um processo que se desenvolve em três fases: o alarme, a resistência e a exaustão.

Na primeira fase, ocorre a *reação de alarme*: nessa fase, o corpo e a mente se preparam para combater ou fugir. Esta fase é caracterizada por uma série de mudanças fisiológicas, produzidas pela ativação do sistema nervoso simpático que acelera o metabolismo. Esse processo libera energia e, por uma ativação psicoemocional, aumenta o estado de alarme e tensão emocional.

Na sequência da fase do alarme, surge a fase da *resistência*. Nessa fase, o corpo se prepara para combater os fatores provocadores do estresse. Nessa segunda fase, com dimensões maiores, é "acionado" um processo complexo, tanto biológico quanto comportamental, que ajuda o organismo a resistir, tendo como característica a intensa interação com os estímulos ambientais.

Na terceira e última fase, *chamada de exaustão*, o corpo esgota-se e não consegue mais resistir aos fatores provocadores de estresse. Esta fase representa o fracasso das tentativas feitas pelos mecanismos defensivos do corpo em responder adequadamente aos estímulos ambientais, causando alterações permanentes, embora inconscientes para o indivíduo estressado. O corpo perde a capacidade de se adaptar e responder funcionalmente aos estímulos ambientais. Os mecanismos usados para se adaptar ou para combater os estímulos estressantes se tornam insuficientes, predispondo o organismo ao desenvolvimento de doenças crônicas que afetam tanto a esfera física quanto a mental.

O ponto central em que Selye insistia era que, a longo prazo, o estresse poderia ter um forte impacto negativo para a saúde. Essa observação deu início a uma série de estudos sobre por que o estresse pode se tornar patológico, assumindo, de certo modo, uma conotação negativa, mesmo que, no início, o estresse fosse compreendido como um efeito protetivo ao organismo. Os efeitos fisiológicos do estresse foram importantes para garantir um lugar para o argumento no âmbito da medicina. Embora pareça contraditório, o fenômeno do estresse tem um lado positivo e outro negativo.

A proposta de Selye[12] é que os eventos estressantes podem ser chamados de *eustress* e de *distress*. No *eustress*, o organismo estressado consegue retornar ao seu estado inicial, representando uma capacidade psicofísica individual de se adaptar. Como podemos observar na figura que segue (figura 1), o *eustress* é quando o ciclo do estresse se encontra entre o nível natural de adaptação do organismo – a fase de alarme – e o nível adaptativo da atividade orgânica, permanecendo dentro da fase de resistência. No *distress* o organismo não consegue mais sustentar a fadiga, causando danos à saúde, tanto física quanto psicológica. O *distress* se encontra entre o limite do nível adaptativo da atividade orgânica (já na fase limite da resistência) até um nível que é prejudicial ao organismo, constituindo a fase de exaustão.

Figura 1 – O ciclo do estresse

Eustress		Distress	
Nível natural da atividade orgânica	Nível adaptativo da atividade orgânica	Nível danoso para a atividade orgânica	
Alarme	Resistência	Exaustão	

1.3 Os efeitos psicológicos do estresse

Alguns anos depois que o estresse havia sido objeto de estudo da medicina, a psicologia social, com sua vertente teórica diferenciada, passou a investigar os efeitos ordinários do estresse, não somente na perspectiva da adaptação ou combate aos eventos estressantes[13]. Tal perspectiva partia do pressuposto de que os efeitos dos estressores psicológicos conduziam a alguns quadros psicopatológicos, entre os quais mencionamos a depressão e a ansiedade. À medida que a teoria ganhava consistência interna, para os pesquisadores começava a ficar cada vez mais claro que o conceito de estímulo-resposta,

---

12. SELYE, H. *Stress in health and disease*. Boston: Butterworths, 1976.
13. ROBINSON, A. Let's talk about stress: history of stress research. *Review of General Psychology*, v. 22, n. 3, p. 334-342, 2018.

como proposto por Selye, não considerava como os estímulos estressores são interpretados como estressantes.

A abordagem psicológica do estresse promoveu, podemos dizer, uma atualização da teoria da adaptação como já era proposta por Selye[14]. Os estudiosos argumentaram que o estresse requer um tipo de análise que considere os fatores para além da sintomatologia fisiológica[15]. Nesse ponto encontramos o contributo da investigação psicológica, ou seja, são envolvidos, além dos fatores estressante, o sentido e o significado que a pessoa atribui aos eventos desencadeantes[16]. As primeiras pesquisas sobre estresse, como já mencionamos, foram estabelecendo gradativamente uma relação entre os sintomas fisiológicos e os fenômenos psicológicos.

Os conceitos de Osler[17], Cannon[18] e Selye[19] convergiam para uma terminologia comum que explicava um determinado fenômeno, que, com o tempo, foi resumido no termo "estresse". Desde o início dos anos de 1970, os pesquisadores começaram a concentrar os esforços nos fatores cognitivos, tornando o estresse a base para o estudo da psicologia. Isso significa que o estresse não foi apenas atribuído ao trabalho, mas também entrou em muitas outras áreas da vida humana. O estudo sistemático da teoria sobre os eventos estressantes, a entrada da psicologia no âmbito da pesquisa sobre o estresse, operacionalizou a pesquisa sobre os efeitos psicológicos da exposição prolongada ao estresse, que foi chamada de síndrome de burnout.

2 Os efeitos psicológicos do estresse: o nascimento do burnout

No parágrafo anterior inserimos o sofrimento psíquico causado pelo trabalho ao interno do quadro geral da teoria sobre o estresse. No âmbito da pesquisa, estresse e burnout têm o mesmo ponto de partida, ou seja, uma

---

14. SELYE, H. Stress and the general adaptation syndrome. *Op. cit.*

15. LAZARUS, R. *Psychological stress and the coping process.* Nova York: McGraw-Hill, 1966.

16. LAZARUS, R.; ERIKSEN, C. Effects of failure stress upon skilled performance. *Journal of Experimental Psychology*, v. 43, n. 2, p. 100-105, 1952.

17. OSLER, W. *The evolution of modern medicine. Op. cit.*

18. CANNON, W. *La saggezza del corpo. Op. cit.*

19. SELYE, H. The stress syndrome. *The American Journal of Nursing*, v. 65, n. 3, p. 97-99, 1965.

reação vinda do envolvimento desadaptativo com um determinado tipo de trabalho. Maslach define burnout como "uma resposta prolongada a estressores emocionais e interpessoais crônicos relacionados ao trabalho"[20]. Mesmo que o ponto de partida para compreender o estresse e o burnout seja o mesmo, no entanto, as consequências resultantes são diferentes.

No contexto teórico no qual se desenvolveu a teoria sobre o burnout, o estresse foi definido, em um sentido amplo, como uma situação em que as demandas ambientais, internas ou cotidianas, excedem os recursos adaptativos de um indivíduo[21]. Nesse caso, a intermediação entre os sintomas e a vivência do indivíduo estressado passa a ser o problema em si, ou seja, a síndrome de burnout não encontra um diagnóstico exato no plano fisiológico, permanecendo como um diagnóstico de sofrimento psíquico vinculado aos sintomas de origem interpessoal e intrapessoal[22].

2.1 A síndrome de burnout: da resistência à exaustão

A síndrome de burnout, como a consideramos, é causada pela interação com o estresse, como uma extensão que vai além da reação adaptativa do organismo, reação esta causada pela interação entre as substâncias químicas e aspectos fisiológicos. Como podemos ver na figura que segue (figura 2), a síndrome de burnout se situa entre a fase final de resistência e a fase de exaustão, ponto esse que representa o *distress*, considerado pelas pesquisas como a fase de desenvolvimento do estresse crônico. O lugar ocupado pela síndrome de burnout dentro do amplo conceito de estresse é o sofrimento caracterizado pela tentativa do sujeito em lidar com os eventos estressantes, já em uma fase na qual não consegue mais adaptar-se aos constantes estímulos ambientais, causadores do estresse.

---

20. MASLACH, C.; SCHAUFELI, W.; LEITER, M. Job Burnout. *Annual Review of Psychology*, v. 52, n. 1, p. 397-422, 2001.

21. MONAT, A.; LAZARUS, R. *Stress and coping: an anthology*. Nova York: Columbia University Press, 1999.

22. SCHAUFELI, W.; GREENGLASS, E. Introduction to special issue on burnout and health. *Psychology & Health*, v. 16, n. 5, p. 501-510, 2001.

Figura 2 – O ciclo do estresse e o burnout

Eustress		Distress	
Nível natural da atividade orgânica	Nível adaptativo da atividade orgânica	Nível danoso para a atividade orgânica	
	Síndrome de burnout		
Alarme	Resistência	Exaustão	

Do ponto de vista epistemológico, não existe consenso na literatura sobre os traços distintivos da gênese do burnout[23]. Muito mais do que enfatizar os pontos de divergência, serve para entendermos quais são os pontos de convergência entre o estresse e o burnout. Entre os autores, Walsh enfatiza que o burnout é uma forma específica de resposta a certas condições estressantes[24]; para Farber o burnout é resultado não só do estresse, mas do "estresse não intermediado", ou seja, estar estressado sem ter um elemento intermediário ou sistema de suporte[25]. O estresse, na perspectiva que estamos considerando, é um fator determinante para o aparecimento do burnout, mas não coincide e não pode ser confundido com este.

Além da busca pelas origens do burnout, os pesquisadores identificam um processo epistemológico em que o estresse e o burnout estão incluídos nas consequências vindas do envolvimento com determinado trabalho particularmente disfuncional[26]. Na verdade, enquanto o estresse diz respeito às consequências biológicas da exposição prolongada a um trabalho particularmente árduo[27], o burnout manifesta, por sua vez, os efeitos psicológicos[28].

Quanto à vertente teórica que consideramos nas páginas deste livro, entendemos que o burnout é o resultado de um processo prolongado de

---

23. *Ibid*.

24. WALSH, J. Burnout and values in the social service profession. *Social Casework*, v. 68, n. 5, p. 279-283, 1987.

25. FARBER, B. A critical perspective on burnout. *In*: FARBER, B. (org.). *Stress and burnout in the human service professions*. Nova York: Pergamon, 1983.

26. COOPER, C.; DEWE, P.; O'DRISCOLL, M. *Organizational stress: a review and critique of theory, research, and applications*. Thousand Oaks: Sage, 2001.

27. SELYE, H. *Stress in health and disease. Op. cit.*

28. MASLACH, C.; SCHAUFELI, W.; LEITER, M. Job Burnout. *Op. cit.*

exposição a estímulos estressantes, vindo preferencialmente de condições desadaptativas relacionadas ao trabalho, que gera um quadro de esgotamento psicológico[29].

Na perspectiva da convergência, as evidências sugerem que não são apenas as experiências de um trabalho estressante que predispõem os indivíduos ao burnout; mesmo níveis elevados de burnout podem, por sua vez, levar gradativamente as pessoas a desenvolver um estresse adicional, sempre relacionado à sua profissão[30]. Os defensores dessa escola de pensamento argumentam que o burnout surge das tensões relacionadas à discrepância entre as expectativas do sujeito e as demandas do trabalho[31].

2.2 A processualidade da síndrome de burnout

O estresse ocupacional, portanto, se desenvolve gradualmente até causar um estado de desconforto ou até mesmo reações fisiológicas. As estratégias que o sujeito implementa serão decisivas para o desenvolvimento ou não da síndrome de burnout. Esse estado de infelicidade, decorrente do estresse laboral, se expressa externamente com a falta de motivação em relação ao trabalho desenvolvido. O profissional não consegue mais lidar com as tensões associadas ao estresse[32]. Portanto, definir o burnout como um processo equivale a considerá-lo como o estágio final de um mal-estar psicológico que se desenvolve gradativamente, sendo o resultado da exposição prolongada ao estresse crônico, no qual nenhuma estratégia de enfrentamento usada consegue combatê-lo.

Além de apontar que o burnout é uma consequência do estresse, Edelwich e Brodsky[33] identificaram uma processualidade que caracteriza o burnout,

---

29. RABIN, S.; FELDMAN, D.; KAPLAN, Z.E. Stress and intervention strategies in mental health professionals. *British Journal of Medical Psychology*, n. 72, p. 159-169, 1999.

30. MILLS, L.; HUEBNER, S. A Prospective study of personality characteristics, occupational stressors, and burnout among school psychology practitioners. *Journal of School Psychology*, v. 36, n. 1, p. 103-120, 1998.

31. EDELWICH, J.; BRODSKY, A. *Burn-out: stages of disillusionment in the helping professions*. Nova York: Human Sciences Press, 1980.

32. CHERNISS, C. *Staff burnout: job stress in the human services*. Beverly Hills: Sage, 1980.

33. EDELWICH, J.; BRODSKY, A. *Burn-out: stages of disillusionment in the helping professions*. *Op. cit.*

com um início que se desdobra em quatro fases: o entusiasmo, a estagnação, a frustração e, finalmente, a apatia. Na sequência, as descreveremos brevemente.

Na primeira fase, a do *entusiasmo*, o sujeito experimenta um zelo fervoroso que se manifesta na tendência a se tornar excessivamente disponível e a ter expectativas irrealistas sobre o próprio trabalho.

Na segunda fase, a da *estagnação*, o trabalhador experimenta uma sensação de que o trabalho não flui mais como era anteriormente, sem uma progressão ou evolução. Nessa fase, as expectativas entusiastas assumem conotações mais realistas: começa a emergir uma certa insatisfação pessoal, como um sentimento de que o trabalho não compensa o que falta à vida privada.

Na terceira fase, a da *frustração*, começa a surgir um sentimento de desânimo: as dificuldades profissionais parecem se multiplicar e o sujeito começa a questionar suas habilidades. Eis algumas das possíveis reações: o sujeito fica entediado, torna-se intolerante, ouve menos os outros e tenta lidar com essas situações, fugindo delas e evitando seus colegas.

A quarta fase, a da *apatia*, se caracteriza por um estado de indiferença em resposta às repetidas frustrações que enfrenta. Para Edelwich e Brodsky, essa quarta fase representa a própria essência do fenômeno do burnout.

Processo semelhante é o proposto por Veninga e Spradley[34], que identificaram cinco fases no burnout, a primeira delas correspondendo ao *entusiasmo*, conforme explicitado no modelo anterior. A baixa energia e a *insatisfação* dão origem à segunda fase. A terceira fase é caracterizada pela acentuação das *estratégias disfuncionais* em relação aos sintomas de exaustão. Na quarta fase, a gravidade dos sintomas aumenta e o sujeito cede ao *pessimismo* e tenta fugir do trabalho. A fase final representa o ponto de chegada ao burnout, sendo inseparável de outras doenças de caráter fisiológico (dependência de drogas, álcool, problemas cardíacos etc.).

A literatura mostra-nos que o burnout e o estresse são transversais[35], o que reforça o conceito de que o burnout deve ser considerado como a consequência de uma relação em que o indivíduo e o seu ambiente psicossocial não

---

34. VENINGA, R.; SPRADLEY, J. *The work stress connection: how to cope with job burnout*. Nova York: Ballantine, 1981.
35. MASLACH, C.; SCHAUFELI, W.; LEITER, M. Job Burnout. *Op. cit.*

estão separados, mas se influenciam mutuamente de forma contínua. Além disso, nosso diagrama (figura 2) ilustra claramente que entre o estresse e o burnout há um intercâmbio contínuo, que nos permite identificar os pontos de convergência e os de divergência, de forma que os dois conceitos, embora não sejam mutuamente exclusivos, requerem uma epistemologia diferente.

Até o momento procuramos contextualizar o burnout, partindo do pressuposto evolutivo no qual a fadiga, causada por uma relação disfuncional com o trabalho, evolui progressivamente até um estado psicológico denominado estresse, onde encontramos as primeiras raízes dos estudos sobre efeitos psicológicos que se enquadram no conceito de burnout. Resta investigar mais como a síndrome de burnout surge como um objeto de pesquisa em psicologia.

3 O desenvolvimento histórico da pesquisa empírica sobre burnout

A primeira publicação sobre o burnout foi em 1974[36], quando Herbert Freudenberger descreveu o fenômeno como um estado mental, mesmo que não tenha excluído os sintomas manifestados no corpo. Desde então, os estudos se multiplicaram, principalmente em artigos e livros. O burnout foi inicialmente reconhecido como um exaurimento psicológico relacionado às profissões com cunho social; mais tarde, porém, foi ampliado a outras profissões, nas quais se encontram eventos estressores relacionados ao trabalho. Em termos gerais, o termo burnout vem do verbo inglês *to burn out*, definido pelo dicionário como desgastar-se com demandas excessivas de energia, força ou recursos[37].

Na literatura encontramos mais de 140 definições de burnout[38]. Isso representa um limite no que diz respeito à teoria. Maslach e Schaufeli[39]

---

36. FREUDENBERGER, H. Staff Burn-Out. *Journal of Social Issues*, v. 30, n. 1, p. 159-165, 1974.

37. OXFORD DICTIONARY. Burn-out. 7. ed. Nova York: Oxford University Press, 2005, p. 201.

38. SCHAUFELI, W.; BUUNK, B. Burnout: an overview of 25 years of research and theorizing. *In*: SCHABRACQ, M.; WINNUBST, J.; COOPER, C. (orgs.). *The handbook of work and health Psychology*. Wiley-Blackwell: John Wiley, 2004, p. 383-425.

39. MASLACH, C.; SCHAUFELI, W. Historical and conceptual development of burnout. *In*: SCHAUFELI, W.; MASLACH, C.; MAREK, T. (orgs.). *Professional burnout: Recent*

destacam que as definições propostas de burnout, embora com algumas diferenças, enfatizam pelo menos cinco elementos comuns: (a) a predominância de sintomas relacionados à exaustão mental e emocional, a fadiga e a depressão; (b) a ênfase nos sintomas comportamentais e mentais ao invés dos físicos; (c) a estreita relação desses sintomas com o trabalho; (d) a manifestação em pessoas que não sofriam de transtornos psicopatológicos antes do início da síndrome; (e) a redução da eficácia e do desempenho no trabalho, devido a atitudes e comportamentos negativos.

Como desenvolvimento epistemológico, o burnout se difundiu progressivamente na psicologia, sendo possível identificar esse processo em três fases: inicialmente, na fase pioneira, prevaleceu a abordagem clínica caracterizada pela descrição sintomatológica[40]; na segunda fase, chamada de fase empírica, os psicólogos sociais e do trabalho estudaram o burnout de forma mais sistemática, utilizando ferramentas de mensuração estatística padronizada[41]; na terceira fase, o burnout é caracterizada pela entrada nos manuais de psicopatologia[42]. Nas páginas que seguem, apontaremos brevemente os detalhes sobre a teoria sobre o burnout conforme as três fases indicadas anteriormente.

3.1 A fase pioneira: o aspecto clínico do burnout

Na primeira fase do desenvolvimento do burnout as pesquisas se concentraram nas descrições clínicas, por meio da observação sintomatológica, não padronizada e baseada no estudo de casos individuais. Foi dada atenção, em particular, aos sintomas manifestados por indivíduos psicologicamente esgotados. Seguindo a tradição médica, esses sintomas foram agrupados de forma a identificar uma síndrome, ou seja, um conjunto de sintomas verificados que constituem uma condição clínica reconhecível[43].

---

developments in theory and research. Nova York: Taylor & Francis, 1993, p. 1-16.

40. FREUDENBERGER, H. Staff Burn-Out. *Op. cit.*

41. MASLACH, C.; JACKSON, S. The measurement of experienced burnout. *Journal of Organizational Behavior*, v. 2, n. 2, p. 99-113, 1981.

42. WORLD HEALTH ORGANIZATION, ICD-11. *International Statistical Classification of diseases and related health problems.* Switzerland: WHO, 2022.

43. FONTES, F.H.J. Freudenberger and the making of burnout as a psychopathological syndrome. *Memorandum*, v. 37, p. 1-19, 2020.

O termo burnout foi popularizado na literatura geral por Herbert Freudenberger. O autor parte das suas experiências de trabalho[44], nas quais observou os primeiros traços dessa nova "síndrome" entre os voluntários de uma comunidade terapêutica que trabalhavam com dependentes químicos. Esses profissionais o procuravam para descrever um estado de "depressão, apatia e agitação", que, para muitos, dava a sensação de estar realmente *burned out*.

O termo burnout, apesar de já ter sido mencionado em artigo de 1973[45], foi desenvolvido epistemologicamente em artigos subsequentes. Na abordagem, predominantemente clínica, Freudenberger concebeu o burnout não apenas por meio de *sintomas físicos* (p. ex., dor de cabeça) ou por meio de sinais *comportamentais* (p. ex., uso de drogas), mas também por meio de sintomas *emocionais* (p. ex., humor deprimido), *cognitivos* (p. ex., cinismo) e *motivacional* (p. ex., sentido de desmoralização). O autor agrupou esses sintomas para descrever o gradual esgotamento emocional, a perda de motivação, entre um grupo de voluntários em uma organização de ajuda[46]. Estas eram pessoas que, por vários meses, trabalhavam com muita dedicação e entusiasmo antes que surgissem alguns sintomas, que geralmente eram associados ao estresse.

Com base em suas observações, Freudenberger definiu o burnout como uma condição psicológica debilitante, causada pelo estresse associado ao trabalho, em que a falta de motivação resulta em: exaustão e esgotamento emocional; resistência reduzida a doenças; aumento da despersonalização nas relações interpessoais; insatisfação e pessimismo; aumento do absenteísmo e ineficiência laboral. Segundo o autor, as pessoas com maior tendência ao burnout apresentam as seguintes características[47]: (a) dedicação excessiva aos outros a ponto de querer resolver os problemas daqueles considerados mais necessitados; (b) relações irrealistas com o trabalho; e, finalmente; (c) uma rotina de trabalho particularmente árdua.

---

44. FREUDENBERGER, H. The psychologist in a free clinic setting: an alternative model in health care. *Psychotherapy: Theory, Research & Practice*, v. 10, n. 1, p. 52-61, 1973.
45. *Ibid*.
46. FREUDENBERGER, H. Staff Burn-Out. *Op. cit.*
47. *Ibid.*, p. 161.

Os grandes méritos do trabalho de Freudenberger foram[48]: (a) ter chamado a atenção para o termo burnout, que descrevia um quadro clínico que nenhum outro termo da psiquiatria ou da psicologia clássica poderia resumir; (b) observar que o burnout afetava pessoas que trabalhavam em profissões de ajuda; (c) mostrar que esses "distúrbios" se desenvolvem gradualmente. Além disso, Freudenberger não apenas descreveu a síndrome de burnout, mas também sugeriu medidas preventivas. Por considerar que o burnout estava particularmente ligado a ambientes de trabalho específicos e certos contextos organizacionais, ele propôs que a intervenção precisa ser feita em nível organizacional e não somente em nível individual. Suas recomendações incluíram redução da jornada de trabalho, rotação da equipe em intervalos regulares, supervisão frequente e melhor treinamento da equipe de trabalho[49].

Na fase pioneira, a pesquisa sobre burnout é caracterizada por diversos estudos sobre as emoções e as formas de lidar com elas. Inicialmente, esses estudos continham as experiências pessoais de alguns autores (estudos de caso, estudos exploratórios, observações, entrevistas ou narrativas), com base em programas e populações específicas. No que diz respeito à terminologia, muitas vezes os autores descreveram o mesmo tema usando termos diferentes[50]. O termo burnout também assumiu uma multiplicidade de significados distintos do original, o que contribuiu para a sua difusão, seja em nível popular e em nível científico.

Para termos uma visão mais completa da fase pioneira, indicamos a pesquisa de Perlman e Hartman[51] que examinaram 48 artigos publicados entre 1974 e 1981. Os autores identificaram apenas cinco estudos nos quais o burnout havia sido tratado com alguma evidência empírica, já que todos os outros se referiam especificamente à análise de casos clínicos. Essas pes-

---

48. CANOUÏ, P.; MAURANGES, A. *Le burn-out à l'hôpital: le syndrome d'épuisement professionnel des soignants*. Paris: Elsevier, 2015.
49. FREUDENBERGER, H.; RICHELSON, G. *Burn-out the high cost of high achievement*. Disponível em: https://trove.nla.gov.au/work/9932141 – Acesso em: 18/05/2020.
50. MASLACH, C.; SCHAUFELI, W. Historical and conceptual development of burnout. *Op. cit.*
51. PERLMAN, B.; HARTMAN, A. Burnout: summary and future research. *Human Relations*, v. 35, n. 4, p. 283-305, 1982.

quisas apresentam propostas sobre o que é o burnout e sugerem possíveis intervenções frente aos sintomas mais evidentes. De fato, já na fase pioneira foi possível identificar uma sequência lógica na definição do burnout: (a) a descrição da natureza do estresse em uma determinada profissão; (b) o relato subsequente de um caso clínico baseado apenas na experiência do pesquisador; (c) a indicação de estratégias para lidar com o estresse.

Embora a fase pioneira tenha dado importantes indícios epistemológicos sobre o burnout, um importante avanço veio com as pesquisas de caráter empírico que, além de oferecerem um novo entendimento da patologia em si, padronizaram o método em torno a uma específica maneira de investigar o fenômeno do burnout.

3.2 A fase empírica do burnout

O burnout, que no início da década de 1970 encontrou seu *locus* epistemológico na pesquisa acadêmica, desenvolveu-se para além da definição teórica baseada no aspecto individual. As pesquisas de caráter empírico inauguraram uma nova fase, baseada na interação do indivíduo com o meio no qual está inserido. Nesta nova perspectiva foi possível recolher e estudar uma ampla gama de dados cientificamente elaborados[52]. As principais características da fase empírica são: (a) a ênfase no desenvolvimento de ferramentas de mensuração estatística; (b) a sistematização teórica mais ampla e precisa; (c) o diagnóstico se desenvolve na descrição multifatorial das amostras estudadas[53].

A transição da perspectiva clínica para a perspectiva psicossocial foi traçada por Christina Maslach[54], que fez referência às pesquisas realizadas por Freudenberger, especificamente no que diz respeito à influência de alguns fatores situacionais e pessoais, no desenvolvimento da síndrome de burnout. Maslach descreve a passagem da fase clínica à fase psicossocial

---

52. SCHAUFELI, W.; ENZMANN, D. *The burnout companion to study and practice: a critical analysis*. Londres: Taylor and Francis, 1998.
53. SCHAUFELI, W.; BUUNK, B. Burnout: an overview of 25 years of research and theorizing. *Op. cit.*
54. MASLACH, C. The client role in staff burn-out. *Journal of Social Issues*, v. 34, n. 4, p. 111-124, 1978.

com as seguintes palavras: "do ponto de vista da pesquisa, concluí que o burnout é mais bem compreendido em termos de fontes sociais e situacionais do estresse relacionado ao trabalho"[55].

A fase empírica teve seu início com entrevistas feitas com os assistentes sociais na Califórnia, na qual se procurou saber como os profissionais lidavam com o estresse no relacionamento com os seus clientes[56]. Com base nas entrevistas realizadas, Maslach e colegas observaram que os assistentes sociais muitas vezes eram obrigados a dedicar muito do tempo pessoal à intensa interação com os outros, interação essa geralmente centrada nos problemas do cliente (psicológicos, sociais, físicos). De certo modo, o profissional precisava se envolver, pelo menos em nível cognitivo, com os problemas do outro, que se encontra com algum tipo de necessidade.

Os assistentes sociais utilizaram o termo burnout para indicar a sensação de cansaço e as atitudes negativas que desenvolviam em relação aos seus clientes, bem como a sensação de não terem a competência profissional necessária para ajudá-los[57]. No início da fase empírica, entretanto, o burnout é definido como uma resposta inadequada ao estresse crônico, acompanhado de apatia[58]. Esta é uma definição que corresponde à forma como a temática se desenvolveu na perspectiva histórica.

Com os dados coletados nas entrevistas e nos questionários das pesquisas empíricas se formou um valioso material sobre as atitudes e sentimentos que caracterizavam um trabalhador psicologicamente exausto. Com esses dados "em mãos", Maslach e colegas desenvolveram o Maslach Burnout Inventory – Human Service Survey (MBI-HSS)[59]. O MBI-HSS foi projetado para interpretar e medir os aspectos do burnout como uma síndrome psicológica que surge como uma resposta a fatores de estresse crônico no trabalho. Segundo Maslach e colegas, o burnout é uma síndrome caracteri-

---

55. *Ibid.*, p. 114.

56. MASLACH, C. Burned-Out. *Human Behavior*, v. 9, n. 5, p. 16-22, 1976.

57. SCHAUFELI, W.; LEITER, M.; MASLACH, C. Burnout: 35 years of research and practice. *Career Development International*, v. 14, n. 3, p. 204-220, 2009.

58. MASLACH, C. The client role in staff burn-out. *Op. cit.*

59. MASLACH, C.; JACKSON, S.; LEITER, M. *Maslach Burnout Inventory manual*. 4. ed. Menlo Park: Mind Garden, 2018.

zada principalmente por três dimensões: a) exaustão emocional (EE), b) a despersonalização (DP) e c) a baixa realização pessoal (PA).

Essas três dimensões representam o ciclo do burnout, que se inicia com a lenta sensação de exaustão e de cansaço emocional. A primeira característica do burnout é o forte sentimento de *exaurimento emotivo*, pelo qual o sujeito acaba se sentindo emotivamente sobrecarregado pelas exigências de um ambiente de trabalho caracterizado pela ajuda aos outros. A solução parece ser aquela de fazer um pouco mais de esforço; um pouco mais que, porém, desgasta principalmente aqueles que são zelosos pelo trabalho desenvolvido. O comportamento que se desenvolve é aquele de demonstrar a si mesmo como sendo capaz de fazer bem todas as coisas e de fazê-las sempre mais.

A necessidade de responder às situações que conduzem ao exaurimento faz que o indivíduo se sinta esgotado do ponto de vista emocional, sem força para recomeçar, percebendo-se inadequado. Nesse ponto, a pessoa tenderá a fugir do envolvimento interpessoal, adotando estratégias defensivas para proteger-se da sobrecarga emotiva que está vivenciando, limitando-se ao contato mínimo necessário com os outros. Assim começa a prevalecer uma atitude de indiferença, acompanhada do desinteresse emotivo por aquilo que faz. Essa atitude de *despersonalização* se traduz em comportamentos de intolerância: começa a tratar os outros de modo impessoal e distante, para não se deixar dominar pelas emoções que experimenta.

O círculo do burnout se completa quando, além de estar exaurido e nervoso, se acrescenta a *insatisfação* com aquilo que se está fazendo. É o momento em que o sujeito não consegue mais desenvolver o trabalho que até então era feito com grande dedicação: não sente mais nenhum entusiasmo e não encontra nenhuma satisfação por aquilo que inicialmente era realizado com grande entusiasmo.

O desenvolvimento de um modelo empírico levou a uma nova concepção de burnout. O que na abordagem pioneira havia sido conceituado por meio de casos clínicos que geralmente dependiam de critério da interpretação pessoal do médico, com a abordagem empírica o fenômeno passou a ser estudado usando critérios reconhecidos pela comunidade científica. No início, Maslach e colegas observaram e entrevistaram profissionais de saúde[60], mas logo estenderam sua pesquisa a outros grupos profissionais, incluindo professores[61], assistentes sociais[62], policiais[63], e agentes penitenciários[64]. A decisão de estudar esses profissionais da saúde foi explicada pelas altas demandas emocionais que esses precisavam enfrentar no ambiente de trabalho, assim como também possuem, como característica, o contato com o outro nas suas necessidades psicológicas ou físicas.

Com o alargamento do público-alvo observou-se que os sintomas do burnout também eram presentes entre profissionais que, até então, não eram percebidos como população de risco. Pelo contrário, por serem consideradas profissões chamadas "vocacionais" (professores, policiais, advogados etc.), acreditava-se que se gozava de gratificações pessoais e sociais. Muitos sintomas anteriormente associados principalmente ao estresse, especificamente angústia[65], com os dados das pesquisas empíricas foram associados à fadiga, à desilusão, ao absenteísmo e à diminuição da motivação. A constatação de que o burnout vai além da reação ao estresse crônico levou os autores a identificá-lo como um gradual processo de exaustão psicológica que atinge principalmente os profissionais que se envolvem no cuidado do outro, considerado, em determinada situação específica, fragilizado[66].

Do ponto de vista empírico, o burnout, conforme conceituado por Maslach e colegas, é uma síndrome do exaurimento psicológico que ocorre com frequência entre indivíduos que realizam algum tipo de "trabalho com pessoas". O aspecto mais evidente dessa síndrome é o aumento da exaustão

---

60. MASLACH, C. The client role in staff burn-out. *Op. cit.*

61. MASLACH, C.; PINES, A. The burn-out syndrome in the day care setting. *Child & Youth Care Forum*, v. 6, n. 2, p. 100-113, 1977.

62. PINES, A.; MASLACH, C. Characteristics of staff burn-out in mental health settings. *Hospital & Community Psychiatry*, v. 29, n. 3, p. 233-237, 1978.

63. MASLACH, C.; JACKSON, S. Burned-out cops and their families. *Psychology Today*, v. 12, n. 12, p. 59-62, 1979.

64. MASLACH, C.; JACKSON, S. Lawyer burnout. *Barrister*, v. 5, n. 2, p. 52-54, 1978.

65. SELYE, H. Stress and the general adaptation syndrome. *Op. cit.*

66. ORTEGA, C.; LÓPEZ, F. El burnout o síndrome de estar quemado en los profesionales sanitarios: revisión y perspectivas. *Journal of Clinical and Health Psychology*, v. 4, n. 1, p. 137-160, 2004.

emocional. À medida que os recursos emocionais vão diminuindo, gradativamente até o esgotamento, esses profissionais sentem que não são mais capazes de se doar psicologicamente, desenvolvendo atitudes e sentimentos negativos em relação aos clientes. Essa percepção insensível, ou mesmo desumanizante dos outros, pode levar o profissional a considerar os seus clientes de alguma forma merecedores de seus próprios problemas. Em casos graves, o profissional tende a se avaliar negativamente, sentindo-se insatisfeito consigo mesmo e com os resultados obtidos no trabalho.

3.3 O burnout: da globalidade conceitual ao diagnóstico psicológico

A consolidação do burnout como uma síndrome aumentou a sua importância social. Sem dúvida, podemos dizer que há um debate acalorado entre os especialistas sobre o que realmente é o burnout, quais são os sintomas associados, como proceder com um psicodiagnóstico. Para se estudar a prevalência e identificar as causas de uma patologia ou transtorno mental é necessária a padronização dos conceitos e, principalmente, do diagnóstico. Além disso, as pesquisas precisam definir claramente as características que possam distingui-lo de outros transtornos mentais, como depressão, estresse no trabalho, síndrome da fadiga crônica e outros transtornos mentais semelhantes.

O fato é que, até o final da década de 1990, cerca de 90% dos estudos utilizavam o MBI-HSS como instrumento de pesquisa[67], que ainda continua sendo o questionário mais utilizado para examinar e diagnosticar essa condição mental[68]. Entre os critérios diagnósticos que ajudam a defini-lo em uma perspectiva clínica, indicamos: (a) o predomínio de sintomas como exaustão mental e emocional, cansaço e desânimo; (b) a presença de sintomas físicos inespecíficos de estresse (astenia e cansaço fácil, apatia, insônia, nervosismo, irascibilidade etc.) e somáticos (cefaleia, dispepsia, arritmia cardíaca, distúrbios alimentares etc.); (c) uma certa associação entre sintomas de burnout e as condições de trabalho; (d) uma falta de eficiência no trabalho e uma

---

67. SCHAUFELI, W.; ENZMANN, D. *The burnout companion to study and practice: a critical analysis. Op. cit.*
68. SCHAUFELI, W.; LEITER, M.; MASLACH, C. Burnout: 35 years of research and practice. *Op. cit.*

redução nas habilidades, atribuíveis a atitudes e comportamentos negativos no trabalho (p. ex., distanciamento emocional etc.).

De fato, nos últimos 40 anos as pesquisas têm considerado o burnout como um viés psicossocial e não como uma patologia com uma nosologia precisa, uma vez que, no campo psiquiátrico, são necessários critérios para enquadrar o fenômeno em um complexo de sintomas mutuamente con-gruentes[69]. Na fase inicial, os estudiosos não mediram esforços para inves-tigar e definir um fenômeno que observaram num ambiente bem definido, nomeadamente no contexto de assistentes sociais e de saúde, que sofrem de estresse relacionado ao trabalho. Por isso, atribuíram ao burnout os fatores relacionados aos processos psicossociais. Com o tempo, as ciências da saúde mental elencaram evidências empíricas suficientes para tornar o burnout objeto de investigação científica.

O fato é que a exposição a eventos estressantes tem sido associada ao potencial aparecimento de transtornos mentais[70]. Os estressores crônicos, quando relacionados ao ambiente de trabalho, podem causar doenças men-tais ainda mais graves. Segundo a Organização Mundial da Saúde (OMS), a exaustão é um grave problema no ambiente de trabalho, chegando a 20% da população ativa[71].

No ano de 1992, na décima edição da CID (Classificação Estatística Internacional de Doenças e Problemas Relacionados à Saúde), a OMS incluiu na categoria residual Z73 "problemas relacionados à dificuldade de administrar a vida", conceituada como "burnout: um estado de esgotamento vital". Na décima primeira edição da CID, o burnout foi descrito com mais detalhes. Resumindo, o manual da CID-11 retoma a teoria desenvolvida por Maslach, que apresenta as seguintes características: (a) a sensação de cansaço; (b) o aumento da distância mental do trabalho ou sentimentos de negação ou cinismo relacionados ao trabalho; e (c) a reduzida eficácia profissional.

---

69. HEINEMANN, L.; HEINEMANN, T. Burnout research: emergence and scientific investigation of a contested diagnosis. *Sage*, v. 7, n. 1, p. 1-12, 2017.

70. CAROD ARTAL, F.; VÁZQUEZ-CABRERA, C. Burnout syndrome in an international setting. *In*: BÄHRER-KOHLER, S. (org.). *Burnout for experts: prevention in the context of living and working*. Nova York: Springer, 2013, p. 15-35.

71. WORLD HEALTH ORGANIZATION, ICD-11. *International Statistical Classification of diseases and related health problems. Op. cit.*

Na descrição do burnout, fica claro que ele se refere especificamente aos fenômenos relacionados ao contexto de trabalho. A OMS também sugere que, antes de diagnosticar a síndrome de burnout, outros transtornos com sintomas semelhantes, como transtorno de ajuste (6B43), distúrbios especificamente associados ao estresse (6B40-6B4Z), ansiedade ou distúrbios relacionados ao medo (6B00-6B0Z) e transtornos do humor (6A60-6A8Z).

4 Síntese conclusiva

Nos parágrafos anteriores enfatizamos a complexidade da síndrome de burnout do ponto de vista epistemológico, da pesquisa e do psicodiagnóstico. O nascimento e o desenvolvimento do burnout pode ser identificado em três fases: a fase *pioneira*, a fase *empírica* e, por fim, a fase *nosológica*.

Os estudiosos geralmente concordam que existe um fio condutor entre as diversas teorias sobre a síndrome de burnout. Na prática, porém, diante de problemas mais específicos, como diagnóstico, intervenção clínica e prognóstico, surgem diferentes tipos de interpretações. Desde a década de 1970, o estudo da síndrome de burnout é associado a graves problemas atribuíveis às condições de trabalho a que as pessoas estão sujeitas. As características específicas de cada amostra indicam que o burnout tem um objeto de estudo bem definido, mas a forma como as pessoas vivem a sua relação com o trabalho faz com que o conceito se adapte às diversas circunstâncias e culturas.

As interpretações individuais decorrentes da prática laboral, nomeadamente a dimensão *intrapessoal* da síndrome de burnout, indicarão se o evento desencadeante desta síndrome representa uma ameaça ou, pelo contrário, uma oportunidade para enfrentar as adversidades encontradas no trabalho. O sujeito é obrigado a ampliar as suas habilidades e a sua capacidade de agir para gerenciar os seus recursos sociais e psicológicos, para poder estabelecer relações com os clientes, e essa é a dimensão *interpessoal* da síndrome de burnout. A falta de recursos que permitem a adaptação ao trabalho tem um forte impacto psicológico e ativa processos físicos e psicológicos que têm a função de regular o equilíbrio psicofísico. Isso inclui a dimensão da *autoavaliação* que o sujeito faz da síndrome de burnout.

O ponto de partida teórico do nosso livro é que a exposição prolongada ao estresse crônico causa consequências físicas e psicológicas, incluindo a síndrome de burnout. Na abordagem psicossocial, a síndrome de burnout, conforme definida por Maslach e colegas, é o esgotamento psicológico que ocorre com frequência entre os indivíduos que realizam algum tipo de "trabalho com pessoas", e que é estudado através da *exaustão emocional* (EE), da *despersonalização* (DP) e da redução da *realização pessoal* (PA).

Em relação à perspectiva diagnóstica, consideramos a multifatorialidade da síndrome de burnout. Embora Maslach e colegas afirmem que a provável etiologia descritiva desta síndrome é caracterizada, como já mencionamos, por um alto nível de exaustão emocional (EE), alto nível de despersonalização (DP) e baixo nível de realização pessoal (PA), nos alinhamos com as propostas das pesquisas empíricas anteriores segundo as quais cada cultura e amostra estabelece uma relação diferenciada com o trabalho. Conclui-se que as três dimensões do burnout podem assumir diferentes configurações diagnósticas, dependendo das características do indivíduo e do contexto no qual ele está inserido.

Ao final deste capítulo podemos concluir que o burnout é uma teoria ainda em evolução, para a qual os pesquisadores ainda buscam respostas para aprofundar seu conteúdo epistemológico. Até o momento, identificamos as principais diretrizes teóricas que introduziram o burnout no campo da pesquisa científica. Parece-nos importante, no entanto, identificar como a síndrome de burnout foi estudada no âmbito eclesial, especificamente aquele do nosso interesse; isto é, o contexto eclesial brasileiro.

Janela interativa

O conteúdo

Ao longo deste capítulo, vimos alguns conceitos fundamentais sobre a síndrome de burnout. Baseado na sua experiência pastoral, como você observa o estresse e a síndrome de burnout?

_____
_____
_____
_____
_____
_____
_____
_____
_____
_____
_____
_____
_____
_____
_____
_____.

II
A síndrome de burnout no âmbito eclesial

No capítulo anterior enfatizamos a complexidade da síndrome de burnout do ponto de vista epistemológico, do diagnóstico e da pesquisa. Traçamos o caminho pelo qual o estresse se desenvolveu e os avanços metodológicos que contribuíram para o nascimento da síndrome de burnout. Nesse percurso histórico conceitual identificamos três fases: a fase pioneira, a fase empírica e, por fim, a fase marcada pela entrada do burnout nos manuais de psicopatologia.

Na perspectiva histórica, desde a década de 1970, o estudo sobre a síndrome de burnout tem sido associado às condições desadaptativas relacionadas ao trabalho, às quais as pessoas estão submetidas. Podemos observar que os estudiosos geralmente concordam que o burnout se configura como uma síndrome que, por um lado, se mantém dentro do amplo conceito do estresse, e, por outro lado, se destaca por uma epistemologia com características próprias. Na prática, porém, diante de problemas mais específicos como o diagnóstico, a intervenção clínica e o prognóstico, surgem diferentes tipos de interpretações. Mesmo diante da multiplicidade de conclusões é possível identificar algumas características, sejam pessoais ou relacionais, que influenciam a forma como cada um se relaciona com o trabalho desenvolvido. As conclusões das pesquisas, por sua vez, dependem das circunstâncias, da cultura e do público-alvo estudado.

Além do mais, a forma como cada um interpreta o envolvimento com o trabalho, a *dimensão intrapessoal* da síndrome de burnout, indicará se o evento desencadeador do estresse representa uma ameaça ou, pelo contrário, uma oportunidade de enfrentamento das adversidades encontradas no ambiente de trabalho. Da forma como o sujeito reage a sua relação com o trabalho, principalmente quando se torna disfuncional, o obrigará a ampliar suas habilidades e sua capacidade de agir para administrar seus recursos psicossociais. O que está em jogo, nesse processo de adaptação, é a relação que se estabelece com as pessoas destinatárias do trabalho prestado, e esta é a *dimensão interpessoal* da síndrome de burnout. O esgotamento dos recursos que permitem adaptar-se ao trabalho tem forte impacto psicológico, ativando processos físicos e psicológicos que têm por função regular a homeostase reativa. Isso inclui a *dimensão da autoavaliação* que o sujeito faz dos eventos estressantes do próprio trabalho.

O ponto de partida que direciona as páginas deste livro é que a exposição prolongada ao estresse crônico causa tanto consequências físicas como psicológicas. Na abordagem psicossocial, a síndrome de burnout, conforme definida por Maslach, é uma exaustão psicológica que ocorre com frequência entre os indivíduos que realizam algum tipo de "trabalho com as pessoas", sendo entendido como um ciclo que inclui a exaustão emocional, a despersonalização e a redução da realização pessoal.

Em relação à perspectiva diagnóstica, consideramos o aspecto multifatorial da síndrome de burnout. Apesar de Maslach e colegas afirmarem que a provável etiologia descritiva desta síndrome é caracterizada, como já mencionamos, por um alto nível de exaustão emocional, um alto nível de despersonalização e um baixo nível de realização pessoal, nos alinhamos com as propostas das pesquisas empíricas, segundo as quais cada cultura e amostra estudada estabelecem uma relação diferenciada com o trabalho. Com isso podemos concluir que as três dimensões do burnout podem assumir configurações diferentes, sendo que no diagnóstico é preciso considerar o fator cultural e as características do público-alvo estudado.

Mesmo que o burnout tenha a sua gênese empírica no âmbito da pesquisa psicossocial, a trajetória histórica pela qual ele se desenvolveu na perspectiva empírica fez com que os pesquisadores ampliassem seu campo de atuação para outros setores de trabalho que poderiam conduzir ao burnout. Nos últimos anos o burnout tem recebido especial atenção entre os presbíteros e os religiosos consagrados. Sobre essa temática nos dedicaremos nas páginas que seguem.

1 A síndrome de burnout entre os presbíteros e os religiosos consagrados

Partimos de um exemplo. Um determinado presbítero, profundamente envolvido com a pastoral, amado pelos paroquianos e reconhecido pelo seu empenho e disponibilidade, vive a sua vocação da maneira como sempre pensou que seria: missas, encontros, reuniões, o carinho da gente, reconhecimento pela vida espiritual etc. Diante das tantas atividades, ultimamente esse dedicado presbítero precisa ir dormir mais tarde e acordar mais cedo para dar conta de tudo aquilo que tem para fazer. Em um encontro com o clero da sua diocese dizia: "Já estou cansado! Parece que, quanto mais trabalho, mais coisas aparecem para serem feitas". Em outras palavras, é como se ele dissesse: "Sinto-me cansado e, ao invés de descansar, estou trabalhando ainda mais!"

O estilo de vida e o empenho dos presbíteros e dos religiosos consagrados, principalmente os mais envolvidos com o Reino de Deus, são aplaudidos e admirados por quase todos. Não importa a hora, quando precisar eles estarão ali, prontos para atender às necessidades daqueles que os buscam, muitas vezes humana e espiritualmente fragilizados. Por onde começar para dizer a um dedicado presbítero que ele poderá desenvolver uma práxis pastoral que pode se tornar um problema psicológico?

Presbíteros, religiosos e religiosas consagrados, catequistas, voluntários, homens e mulheres que, dando o melhor de si mesmos, são testemunhas do amor de Cristo nos diversos contextos pastorais, correm o risco de exaurirem as próprias energias psíquicas e o seu entusiasmo vocacional. Em um mundo sempre mais complexo e secularizado, existem mil razões para dizer que o anúncio do evangelho é uma tarefa árdua. Se nos dedicamos a uma categoria específica de envolvimento pastoral, os presbíteros e os religiosos consagrados, podemos acrescentar outros fatores: geralmente têm pouco tempo para se prepararem, muitos já estão em idade avançada, as vocações que diminuem, o trabalho que aumenta etc. Enfim, entre os presbíteros e os religiosos consagrados podemos encontrar um contexto pastoral que pode conduzir ao cansaço extremo, principalmente quando os estímulos externos são muitos e o esforço físico empenhado não é mais suficiente para recuperar as energias na mesma medida em que se cansa.

Esta realidade pastoral não é uma constatação que surge somente em tempos atuais. No contexto eclesial norte-americano, por exemplo, os bispos concluíam, já no início dos anos de 1980, que muitos presbíteros e religiosos consagrados arriscavam se envolver em uma determinada prática pastoral que eles denominaram desadaptativa, a qual se reflete sobretudo em nível psicossomático. São pessoas, relatavam os bispos, que se caracterizam por se doarem "excessivamente", mesmo quando se trata do "excessivo" de coisas boas[1]. De fato, são convictos de fazerem o bem, mas não conseguem estabelecer um limite entre a prática pastoral e o tempo para cuidarem de si mesmos. Em tais condições, a práxis pastoral entra em uma dinâmica de rotina que corrói o entusiasmo característico do chamado vocacional. Em outras palavras, a práxis pastoral entendida como o anúncio do evangelho, cerne da vocação e objetivo da consagração, se torna um dever que foi interiorizado.

Em determinadas situações, relatam os bispos norte-americanos, a dinâmica do estresse leva o presbítero ou o religioso consagrado a sentir-se cansado, depressivo, incompreendido, incapaz de abrir-se à novidade da vocação à qual foram chamados. É típico que esses experimentem uma fadiga crônica, um certo grau de depressão, de insatisfação com a atividade desenvolvida, consigo mesmo e com a vida em geral. Exteriormente, estes começam a demonstrar alguns sinais de irritabilidade e de rigidez que, em precedência, não eram observados. À diferença daqueles que tiveram um colapso físico ou nervoso, estes, sofrendo daquilo que foi chamado exaurimento, tendem a trabalhar ainda mais ao invés de menos[2].

No entanto, quando os presbíteros e os religiosos consagrados foram submetidos aos estudos empíricos, surgiram indícios de que o burnout entre eles poderia não ser tão grave como comumente se pensava[3]. Fichter foi um dos primeiros pesquisadores a sugerir que a avaliação do burnout no âmbito eclesial poderia ser excessiva. Embora reconhecendo a realidade estressante

---

1. BISHOPS' COMMITTEE ON PRIESTLY LIFE AND MINISTRY. The priest and stress. *The Furrow*, v. 33, n. 7, p. 429-439, 1982, p. 9-10.

2. *Ibid.*, p. 10.

3. FICHTER, J. The myth of clergy burnout. *Sociological Analysis*, v. 45, n. 4, p. 373-382, 1984.

da vida presbiteral, Fichter levantou a hipótese de que não se pode subestimar a capacidade que estes têm de lidar com as situações estressantes.

É certo que ambas as conclusões que citamos, a dos bispos e as vindas das primeiras pesquisas empíricas, careceram de rigor metodológico, o que os levou a subestimarem a real dimensão do burnout. Porém, um fato deve ser ressaltado: desde o início do desenvolvimento epistemológico da síndrome de burnout, os pesquisadores colocam a práxis pastoral sob análise. Com o desenvolvimento de ferramentas de pesquisa, especificamente o Maslach Burnout Inventory – Human Service Survey (MBI-HSS), o estudo com presbíteros e religiosos consagrados também têm se concentrado na abordagem empírica, que segue os rigores da pesquisa científica. Muito mais do que a sensação de que algo está errado, o uso de instrumentos psicológicos padronizados possibilita delinear as características psicológicas dos presbíteros e dos religiosos consagrados mais suscetíveis ao burnout, mas também permite desenvolver projetos preventivos direcionados para a formação permanente.

1.1 Aspectos empíricos do burnout entre os presbíteros e os religiosos consagrados

Nos últimos anos, as pesquisas indicam que a incidência da síndrome de burnout tem aumentado entre aqueles que atuam na esfera social, nas chamadas profissões de ajuda[4]. Essa realidade também é constatada entre os presbíteros e os religiosos consagrados[5]. Com os dados recolhidos das pesquisas empíricas podemos compor um amplo quadro argumentativo, que abrange as diversas áreas relacionadas à síndrome de burnout entre os presbíteros e os religiosos consagrados, como, por exemplo, o diagnóstico, as causas e, sobretudo, as possíveis intervenções multidisciplinares.

---

4. ADAMS, C. *et al. Clergy burnout: a comparison study with other helping professions. Pastoral Psychology*, v. 66, n. 2, p. 147-175, 2016.

5. VIRGINIA, S. Burnout and depression among roman catholic secular, religious, and monastic clergy. *Pastoral Psychology*, v. 47, n. 1, p. 49-67, 1998. • RAJ, A.; DEAN, K. Burnout and depression among catholic priests in India. *Pastoral Psychology*, v. 54, n. 2, p. 157-171, 2005. • CREA, G. Correlati psicologici e motivazionali in un caso specifico di burnout professionale: il burnout tra preti e suore. *Rassegna di Psicologia*, v. 35, n. 2, p. 61-75, 2018.

A partir dos dados recolhidos nas pesquisas podemos individuar as principais características da síndrome de burnout entre os presbíteros e os religiosos consagrados. Em primeiro lugar, existe uma tendência teórica usada pelos pesquisadores para estudar o burnout no âmbito eclesiástico: o burnout é analisado tendo como base a forma como os presbíteros e os religiosos consagrados se dedicam àqueles que os buscam pedindo ajuda. Em segundo lugar, as pesquisas frequentemente usam ferramentas psicológicas que ajudam a esclarecer as causas do burnout: a síndrome de burnout é definida como uma exaustão psicológica, entendida como uma característica do burnout ao interno do estresse, mas, também, é a consequência de um conjunto de fatores que podem confirmá-lo ou servir de suporte para o desenvolvimento de projetos formativos[6]. Por fim, para se chegar a um diagnóstico preciso, são utilizados diferentes instrumentos psicológicos que auxiliam no diagnóstico diferencial, considerando as características apresentadas pelo presbítero ou religioso consagrado e pela atividade pastoral realizada.

Embora as pesquisas relatem um aumento do esgotamento psíquico entre os presbíteros e os religiosos consagrados, a grande maioria deles indica que se sentem realizados com aquilo que fazem. Como sublinhamos no capítulo anterior, as pesquisas sobre burnout geralmente se concentram nas características de um determinado tipo de trabalho. Entre os presbíteros e os religiosos consagrados a práxis pastoral não é uma relação com clientes, segundo os modelos do mercado do trabalho. A práxis pastoral representa o desenvolvimento da própria vocação, que não é considerada um trabalho em sentido tradicional, mas um chamado feito por Deus. Curiosamente, as pesquisas indicam que os presbíteros e os religiosos consagrados se descrevem pessoalmente satisfeitos com a pastoral desenvolvida, mas, simultaneamente se sentem psicologicamente esgotados. Isso nos parece um paradoxo, bem como uma limitação da literatura científica, visto que, enquanto entre outros entrevistados com características semelhantes à vida religiosa consagrada e presbiteral o esgotamento psicológico leva a uma baixa realização pessoal, entre os presbíteros e os religiosos consagrados

---

6. ADAMS, C. *et al.* Clergy burnout: a comparison study with other helping professions. *Op. cit.*

conduz a uma elevada satisfação com a prática pastoral[7]. Em outras palavras: estão exaustos, mas satisfeitos.

Com base nos dados das pesquisas empíricas, recolhidos usando o MBI-HSS, podemos concluir que a síndrome de burnout entre os presbíteros e os religiosos consagrados pode ser vista como: (a) a presença da exaustão emocional, que no entanto não os impedem de continuar em seu ministério[8]; (b) o incansável envolvimento pastoral reduz a capacidade de sentir satisfação em cuidar do outro, o que caracteriza o início do processo de despersonalização[9]; (c) o sentimento de realização pessoal não é afetado significativamente, ou seja, o presbítero ou o religioso consagrado pode estar satisfeito com a práxis pastoral e, mesmo assim, pode manifestar a síndrome de burnout, sem que tenha conhecimento disso.

2 A síndrome de burnout entre os presbíteros e religiosos consagrados brasileiros

Depois de traçar um quadro geral da síndrome de burnout entre os presbíteros e os religiosos consagrados, queremos estudar, de maneira mais específica, a síndrome de burnout, no contexto eclesial brasileiro. Em nível internacional, temos uma vasta literatura que delineia as características do burnout entre os presbíteros e os religiosos consagrados. No âmbito latino--americano, as pesquisas empíricas realizadas entre os presbíteros, religiosos e religiosas consagrados, ainda são limitadas, sendo que no Brasil o número de pesquisas empíricas é ainda mais escasso. Obviamente, isso não significa que o problema do burnout não exista, nem que não tenha sido abordado no campo da pesquisa.

Nas páginas que se seguem, pretendemos contextualizar o leitor em relação aos estudos feitos sobre o burnout no âmbito eclesial brasileiro. Aqui serão indicados os aspectos relevantes das pesquisas. Para uma leitura mais

---

7. HERRERA, H.L. *et al.* Multivariate analysis of burnout syndrome in Latin-American priests. *Psicothema*, v. 26, n. 2, p. 227-234, 2014.

8. GAUTIER, M.L.; PERL, P.M.; FICHTER, S.J. *Same call, different men: The evolution of the priesthood since Vatican II*. Minnesota: Liturgical Press, 2012.

9. MASLACH, C. *La sindrome del Burnout: il prezzo dell'aiuto agli altri*. Assis: Cittadella, 1997.

aprofundada sobre o assunto, indicamos a leitura diretamente nas fontes citadas nas referências. Seguiremos basicamente dois pontos: primeiramente, indicaremos como surgiu a preocupação com o burnout no ambiente pastoral brasileiro; no segundo, nos dedicaremos às principais conclusões chegadas em algumas pesquisas de referência no assunto, com o objetivo de identificar a abordagem utilizada e os resultados alcançados.

2.1 Aspectos introdutivos da síndrome de burnout no âmbito eclesial brasileiro

A síndrome de burnout entre os presbíteros e os religiosos consagrados brasileiros é um amplo campo de pesquisa que inclui uma variedade de abordagens. O problema do burnout no âmbito eclesial brasileiro foi indicado por uma pesquisa da International Stress Management Association (ISMA-BR), em uma amostra de 1.600 profissionais que atuam nas chamadas "profissões de ajuda"[10]. Os resultados indicaram que os presbíteros e os religiosos consagrados representavam o grupo mais afetado pela síndrome de burnout: 25% deles se sentiam exaustos fisicamente, enquanto a taxa de burnout de policiais, por exemplo, era de 23%, ou de executivos de empresas era de 21%.

Num primeiro momento, as autoridades eclesiásticas e grande parte dos pesquisadores envolvidos com a saúde mental dos presbíteros e dos religiosos consagrados não tinham uma resposta satisfatória das reais causas do burnout. Como resposta ao problema, a síndrome de burnout foi definida em duas perspectivas: (a) "a síndrome do bom samaritano desiludido"[11], cujas consequências recaem sobre o cansaço vindo pelo empenho no cuidado dos outros[12]; e (b) no papel intermediário da instituição eclesiástica, a qual pode contribuir ou evitar o estresse entre seus membros[13]. Essas abordagens teóricas pressupõem que, no âmbito eclesial brasileiro, as raízes da síndrome

---

10. VALLE, E. Estresse ou fadiga de compaixão nos religiosos de hoje? *Convergência*, v. 55, n. 737, p. 791-801, 2010.

11. FIGLEY, C. Compassion fatigue as secondary traumatic stress disorder: an overview. *In*: FIGLEY, C. (org.). *Compassion fatigue: coping with secondary traumatic stress disorder in those who treat the traumatized*. Nova York: Brunner/Mazel, 1995, p. 1-20.

12. VALLE, E. Estresse ou fadiga de compaixão nos religiosos de hoje? *Ibid*.

13. PEREIRA, W.C.C. *Sofrimento psíquico dos presbíteros: dor institucional*. Petrópolis: Vozes, 2012.

de burnout remontam à lenta transformação do entusiasmo pessoal, em uma gradual desilusão com a práxis pastoral.

Sem dúvida, é a motivação vocacional que impele os presbíteros e os religiosos consagrados a se dedicarem aos outros. Porém, na práxis pastoral em uma perspectiva mais ampla, os sintomas podem assumir configurações diferentes, que às vezes podem ser confundidas com a síndrome de burnout. Na instituição eclesiástica pode-se certamente constatar o "cansaço por compaixão", justamente porque a práxis pastoral, entre os tantos objetivos, faz com que o presbítero ou o religioso consagrado tenha contato direto com as pessoas em suas necessidades espirituais, físicas e psicológicas. É característico da práxis pastoral que o ministério presbiteral tenha um envolvimento empático com os sofrimentos dos outros. De fato, é um "trabalho" que pode ser exigente, especialmente quando os presbíteros ou os religiosos consagrados, além de trabalharem pelos outros, decidem compartilhar com eles os seus sofrimentos e as suas esperanças.

No entanto, o "cansaço por compaixão" é um dos (variáveis) estressores na esfera eclesial e não deve ser confundido com o amplo conceito de estresse, nem mesmo com a síndrome de burnout. O "cansaço por compaixão", quando presente no âmbito eclesial, dirige-se à práxis pastoral na qual as conclusões alcançadas seguem critérios vocacionais e teológicos. O ponto de partida é o desejo de "ser chamado por Deus para [...]" fazer algo, usando os recursos pessoais como dons. Na medida em que o ministério presbiteral ou o trabalho do religioso consagrado se desenvolve, alguns ficam cansados, outros se desgastam, outros se sentem realizados quanto mais trabalham, apesar do cansaço ou do esgotamento. O que distingue o burnout do "cansaço por compaixão" consiste precisamente em esclarecer sobre que diagnóstico estamos falando.

A distinção diagnóstica é fundamental para evitar erros na avaliação do fenômeno. Onde a "fadiga por compaixão" é definida como estresse crônico – que em níveis elevados leva à síndrome de burnout –, em sentido mais específico pode significar nada mais do que a presença de estresse na fase de resiliência (cf. figura 1, capítulo I). A tensão ligada ao fator espiritual (convergência teológica e vocacional), que pode causar o sofrimento mental, surge de um contexto em que os presbíteros e os religiosos consagrados (ou a própria comunidade eclesial) se propõem a ideais muitas vezes inatingíveis. A idealização como critério normativo de como agir pastoralmente é a base de muitas tensões, ansiedades e de mal-estar psicológico. De fato, a literatura confirma que, em ambientes eclesiais muito rígidos, os seus membros terão mais chances de desenvolver o burnout, até mesmo outras psicopatologias[14].

Uma pesquisa qualitativa desenvolvida por Simões[15] entre um grupo de religiosas brasileiras indicou que em determinados ambientes eclesiais se tem a ideia de que os efeitos psicológicos do estresse não deveriam ser considerados como um problema de saúde mental e, portanto, clínico, mas sim "moral". Pode parecer simples, mas muda tudo, principalmente em relação às estratégias usadas para promover o cuidado pessoal. O autor indica que, entre as estratégias apontadas pelas entrevistadas, o perfeccionismo, a idealização vocacional e a oração são as principais práticas usadas para lidar com a síndrome de burnout. A esse ponto podemos concluir que as práticas religiosas são usadas como cura primária para enfrentar um problema que é de ordem psicológica. Em sua pesquisa empírica, que levou em consideração as variáveis espirituais, Dias concluiu que os elementos teológicos são variáveis que caracterizam a vida e a práxis pastoral dos presbíteros e dos religiosos consagrados, mas esses não apresentam dados que sustentem qualquer definição operacional entre fatores espirituais e a síndrome de burnout[16].

Na breve distinção epistemológica que estamos introduzindo, enfatizamos que os elementos teológicos que distinguem a vocação presbiteral e religiosa em relação às outras chamadas "profissões de ajuda" devem ser considerados como uma das variáveis (importantes e caracterizadoras dessa parte da população) dentro da ampla área conceitual da síndrome de burnout. Por isso, é importante investigar as características, os critérios

---

14. SANAGIOTTO, V.; PACCIOLLA, A. A relação entre inteligência emocional e os domínios de personalidade psicopatológicos entre os padres e religiosos brasileiros. *Rever*, v. 22, n. 2, p. 157-171, 2022.

15. SIMÕES, T.E. *O significado da síndrome de burnout no discurso do sujeito coletivo de religiosos de uma instituição eclesial de vida ativa.* Tese de mestrado. São Paulo: USP, 2017, p. 67.

16. DIAS, R. Burnout among catholic priests in Brazil: prevalence and associated factors. *Interação em Psicologia*, v. 23, n. 2, p. 255-267, 2019, p. 265.

e as principais conclusões da síndrome de burnout entre os presbíteros e religiosos consagrados brasileiros. Isso nos permite olhar para a realidade, mas também considerar os possíveis pontos que precisam ser aprofundados nas futuras pesquisas.

2.2 As características da síndrome de burnout no âmbito eclesial brasileiro

Como já apontamos nos parágrafos anteriores, as pesquisas realizadas até agora evidenciam níveis significativos de burnout entre os presbíteros e os religiosos consagrados brasileiros. Além da constatação do problema, outra realidade emerge: a escassez de estudos que investiguem o tema segundo critérios empíricos que, em outros contextos socioculturais, já tem um consistente *corpus* literário. A literatura especializada no assunto nos indica que o burnout entre os presbíteros e os religiosos consagrados é uma questão complexa porque, além das características específicas deste grupo, os instrumentos psicológicos utilizados para analisar os níveis de burnout ainda estão em expansão. No âmbito eclesial, os pesquisadores têm utilizado principalmente o MBI-HSS como instrumento de pesquisa científica.

Com o objetivo de aprofundar a temática deste capítulo, indicamos, em seguida, as principais contribuições e conclusões das pesquisas sobre o burnout no âmbito eclesial brasileiro.

2.2.1 O estresse, o burnout e as estratégias de *coping*

Uma das primeiras pesquisas que utilizou uma metodologia estandardizada para estudar a síndrome de burnout entre o clero brasileiro foi a tese de doutorado de Maria Fátima Morais[17]. Por meio de um método quantitativo, o objetivo da pesquisa foi medir os níveis de estresse, *distress* e burnout, para compará-los com as estratégias de *coping* entre os presbíteros responsáveis pela formação dos seminaristas.

Com uma amostra de 103 participantes, que exerciam a função de formador nos seminários que preparam os futuros presbíteros e religiosos

---

17. MORAIS, M.F. Stress, burnout, coping *em padres responsáveis pela formação de seminaristas católicos*. Tese de doutorado. São Paulo: PUC-SP, 2008.

consagrados, o resultado indicou que 88% dos presbíteros apresentavam sintomas de estresse na fase de resistência, enquanto apenas 2.9% apresentavam esgotamento psicológico. Embora os dados indiquem altos níveis de estresse, isso não significa necessariamente um diagnóstico de burnout. Uma análise mais acurada dos resultados obtidos nos indica que as escalas de exaustão emocional (EE) e despersonalização (DP) estabeleceram correlação significativa com as variáveis *idade* e *tempo* em que esses presbíteros analisados *exerciam a função de formadores*. Os presbíteros mais jovens (entre 26 e 36 anos) tinham probabilidade moderada a alta de se tornarem emocionalmente exaustos. Quanto à variável *tempo em que os presbíteros desempenharam a função de formadores*, os resultados indicam que aqueles que ocupavam o cargo por até cinco anos tinham 39% de probabilidade de relatar altos níveis de esgotamento emocional. Resultados significativos também foram encontrados entre os presbíteros que desenvolviam a função de formadores até um ano, sendo que 82.4% deles apresentaram altos índices de despersonalização.

A pesquisa de Morais contribui ao propor uma metodologia padronizada que leva em consideração as ferramentas psicológicas reconhecidas pela comunidade científica (MBI-HSS, Estratégias de *Coping* de Lazarus e Folkman e o ISSL – Inventário de Sintomas de Stress para Adultos) aplicadas no âmbito eclesial. Essa metodologia nos indicou a real dimensão do esgotamento psíquico entre o clero. Apesar dessa contribuição, o burnout não foi analisado no seu complexo campo teórico, mas apenas no aspecto descritivo de seu impacto diagnóstico. Além disso, a amostra analisada representa apenas uma das áreas possíveis de trabalho entre o clero; isto é, a formação dos seminaristas.

2.2.2 O burnout e a instituição eclesial

Outra pesquisa que se tornou referência na esfera eclesial brasileira foi realizada por Willian Castilho Pereira[18]. Com abordagem qualitativa e tendo mais de vinte anos de entrevistas coletadas e usadas como fonte de material da pesquisa, o autor considerou o burnout submetido ao chamado "silêncio sagrado" em que as "coisas que não são ditas" se tornam fonte de sofrimento

---

18. PEREIRA, W.C.C. *Sofrimento psíquico dos presbíteros: dor institucional. Op. cit.*

psíquico entre os presbíteros e, consequentemente, da própria instituição eclesiástica. Utilizando uma metodologia de entrevista semiestruturada, baseada em um esquema de entrevista flexível e não padronizada, o autor observou comportamentos e atitudes dos entrevistados, com o objetivo de analisar o fenômeno do burnout de um ponto de vista psicológico, teológico, sociocultural e institucional.

Com uma ampla gama de elementos analisados, Pereira apresenta-nos uma lista dos sintomas relatados pelos entrevistados, da qual concluímos que o burnout é o processo de esvaziamento das expectativas sobre a vocação idealizada. As consequências recaem não só no esgotamento mental, motivado pelo desajustamento na práxis pastoral, mas também nos aspectos individuais e institucionais que, em alguns casos, conduzem a graves problemas psicológicos.

A contribuição do autor para a reflexão sobre a síndrome de burnout no clero brasileiro se encontra em refletir sobre o problema a partir das estruturas eclesiais; levando em consideração o aspecto eclesiológico institucional, a análise realizada não se concentra somente em uma culpa individualizada, mas se direciona aos sintomas que emergem do contexto histórico-social. As conclusões a que chegou Pereira, apesar de serem de caráter geral, convidam a Igreja a desenvolver uma pastoral orientada para o cuidado do clero, uma pastoral que pressupõe intervenções não só no âmbito individual, mas também no âmbito institucional.

2.2.3 O burnout no discurso do sujeito coletivo

Outra pesquisa qualitativa, realizada por Thales Epov Simões[19], com o método denominado *"discurso do sujeito coletivo – DSC"*, analisou pensamentos, sentimentos, crenças, hábitos, valores de um grupo de 10 religiosas que trabalhavam no meio dos mais pobres. O objetivo do autor foi coletar e analisar, por meio do discurso sobre o estresse, os fatores geradores de sofrimento e como esses são considerados no ambiente em que os sujeitos vivem, a instituição religiosa a que as entrevistadas pertenciam. A ideia básica

---

19. SIMÕES, T.E. *O significado da síndrome de burnout no discurso do sujeito coletivo de religiosos de uma instituição eclesial de vida ativa. Op. cit.*

era identificar o imaginário coletivo referente ao esgotamento emocional, a despersonalização e a realização pessoal, sem, no entanto, administrar o MBI.

A partir das respostas recolhidas, Simões identificou algumas atitudes utilizadas como estratégias para lidar com o *stress/distress*, entre as quais indicamos: a sensação de estarem cansadas; de ajudar os outros, mas não de serem ajudadas; o cansaço não só pela pastoral desenvolvida, mas também pelas experiências vividas no ambiente institucional comunitário; o uso de estratégias de enfrentamento incorretas, motivadas sobretudo por "coisas que não foram ditas"; o uso de representações socialmente reconhecidas, que podemos chamar de "sofrimento pela vocação". Segundo o autor, o cansaço é interpretado à luz do chamado estresse moral, que subestima os cuidados pessoais e o bem-estar para manter a idealização vocacional.

Embora as conclusões da pesquisa indiquem que o estresse tem forte incidência entre as religiosas que responderam à pesquisa, Simões destaca que esse não se refere necessariamente a um diagnóstico de burnout, ainda que a exaustão emocional, a despersonalização e a realização pessoal estejam presentes no discurso das entrevistadas. A contribuição da pesquisa consiste especificamente na interpretação que é dada ao burnout; isto é, do ponto de vista da experiência narrada por quem vivencia os sintomas. Simões também percebeu que as religiosas consagradas, para manter a sua idealização vocacional, tomam decisões de enfrentamento disfuncionais, numa tentativa de continuar a cumprir a missão que lhes foi confiada: as religiosas entrevistadas consideraram que o esgotamento psíquico fazia parte da vocação.

2.2.4 O burnout na perspectiva empírica

Encontramos na pesquisa feita por Rosimar Dias um avanço no estudo empírico entre o clero brasileiro[20]. Em uma amostra com 242 entrevistados, utilizando metodologia quantitativa, o autor interpretou o burnout usando o MBI-HSS. Os resultados obtidos indicam que o clero brasileiro apresenta baixos índices de burnout quando comparados com os resultados normativos do MBI-HSS. Essa mesma conclusão pode ser encontrada quando compa-

---

20. DIAS, R. Burnout among catholic priests in Brazil: prevalence and associated factors. *Op. cit.*

rada a outras pesquisas entre os presbíteros e os religiosos consagrados[21]. Mesmo assim, o autor ressalta os altos níveis de exaurimento emotivo entre o clero brasileiro, chegando a 2/3 com pontuações moderadas a altas, nesta escala específica do MBI-HSS.

Entre as conclusões importantes que interessam às páginas deste capítulo, o autor indicou que as variáveis sociodemográficas, tais como idade, tempo de ordenação presbiteral, quantidade de horas trabalhadas, se correlacionam significativamente com as escalas do MBI-HSS, determinando, em alguns casos, altos níveis de burnout. Considerando as características vocacionais próprias do ministério presbiteral, a pesquisa ressalta que, quanto menores forem a satisfação ministerial, o suporte social e a prática espiritual, o presbítero tende a ter maior probabilidade de desenvolver a síndrome de burnout, pelo menos em algumas das suas dimensões que poderão conduzir ao exaurimento psicológico. A conclusão de Dias é que os presbíteros que estão satisfeitos com a sua vocação, que dispõem de um bom suporte social, que cuidam de si mesmos e têm algum tipo de prática espiritual, terão maiores possibilidades de suportar o estresse conectado à práxis pastoral.

Numa outra pesquisa relevante[22], pesquisamos um grupo de 400 presbíteros e religiosos consagrados de todas as partes do território nacional, com o objetivo de descrever as principais características da síndrome de burnout no âmbito eclesial brasileiro. Os dados que recolhemos, usando uma metodologia empírica, indicaram níveis médios/altos de exaurimento emotivo, altos níveis de despersonalização e altos níveis de realização pessoal. Além disso, o perfil dos entrevistados no qual o burnout é observado com maior frequência e intensidade, é entre os mais jovens, entre 31 e 40 anos de idade, com até 10 anos de ordenação presbiteral ou votos perpétuos (quanto menor esse tempo, maior a probabilidade) e que trabalham mais de 50/60 horas semanais.

---

21. ROSSETTI, S.J.; RHOADES, C. Burnout in catholic clergy: a predictive model using psychological and spiritual variables. *Psychology of Religion and Spirituality*, v. 5, n. 4, p. 335-341, 2013.
22. SANAGIOTTO, V.; PACCIOLLA, A. Exaustos, porém, realizados! – Análise descritiva da síndrome de burnout entre os padres e religiosos brasileiros. *REB*, v. 82, n. 321, p. 193-207, 2022.

Em outra pesquisa, essa feita no âmbito da vida religiosa consagrada feminina, entrevistamos 147 religiosas consagradas de todo o Brasil[23]. O objetivo da pesquisa foi analisar o papel da vida comunitária no desenvolvimento da síndrome de burnout. Usando o MBI-HSS e BIC (Questionário de bem-estar interpessoal comunitário) como instrumento de pesquisa, ressaltamos que as religiosas consagradas mais suscetíveis ao burnout também se concentram em faixas etárias mais jovens (até 40 anos de idade), com menos tempo de votos perpétuos e tendem ao exaurimento psicológico no desenvolvimento de seus trabalhos apostólicos.

Em termos gerais, os dados indicaram que, quanto maior for o nível de satisfação com a vida em comunidade, menores serão os níveis de despersonalização e de exaurimento emotivo; da mesma forma, quanto maior for o nível de satisfação com a comunidade, maior será o nível de realização pessoal com a missão apostólica que lhe foi confiada. Porém, a vida em comunidade é afetada quando seus membros apresentam a síndrome de burnout? Os resultados indicaram que sim, especificamente a realização pessoal das religiosas consagradas. Enfim, uma boa qualidade da vida em comunidade aumenta a resiliência no enfrentamento do burnout; enquanto uma baixa qualidade da vida em comunidade entre as religiosas consagradas pode aumentar o esgotamento psíquico, e, como consequência, a influenciar a qualidade do trabalho desenvolvido.

Enfim, uma outra pesquisa, analisamos o papel das características de personalidade com tendências psicopatológicas no desenvolvimento da síndrome de burnout[24]. Com uma amostra de 293 presbíteros e religiosos consagrados de todo o território brasileiro, usando o MBI-HSS e o PID-5 (FB), concluímos que o burnout se manifesta com maior frequência e intensidade entre os mais jovens (até 40 anos de idade). No que diz respeito às características de personalidade com tendências psicopatológicas, concluímos que, quanto mais frequentes e intensas forem as experiências com altos níveis de uma ampla variedade de emoções negativas, maior será a possibilidade

---

23. SANAGIOTTO, V.; CAMARA, C.; PACCIOLLA, A. A síndrome de burnout na vida religiosa consagrada feminina: as contribuições da vida em comunidade. *Angelicum*, v. 99, n. 1, p. 39-63, 2022.

24. Artigo a ser publicado.

do desenvolvimento do exaurimento emotivo, da despersonalização e da redução da realização pessoal. Acrescente-se que a evitação da experiência socioemocional, incluindo retraimento das interações interpessoais, contribui significativamente para o desenvolvimento da síndrome de burnout.

3 Síntese conclusiva

Apesar do escasso número de pesquisas empíricas sobre a síndrome de burnout entre os presbíteros e os religiosos consagrados brasileiros, como indicamos nos parágrafos anteriores, notamos a prioridade dada à teoria de Christina Maslach *et al.* e ao MBI-HSS como ferramenta de pesquisa empírica. Em conclusão, as pesquisas mencionadas ao longo desse capítulo nos indicam que os presbíteros e os religiosos consagrados brasileiros apresentam níveis elevados de burnout, se comparados com os presbíteros norte-americanos[25], porém, nível mais baixo se comparados à média dos presbíteros latino-americanos[26], da mesma forma se comparados aos dados normativos do MBI-HSS[27].

Desde as primeiras pesquisas realizadas entre os presbíteros e os religiosos consagrados brasileiros, até o uso de instrumentos estandardizados de pesquisa, os estudiosos se empenharam em descrever o burnout da melhor maneira possível. Os resultados obtidos nas pesquisas empíricas indicam que, entre os presbíteros e os religiosos consagrados brasileiros, há (principalmente entre os mais jovens) um número significativo que se sente esgotado psicologicamente, sobrecarregado de trabalho pastoral e que vivencia níveis clinicamente significativos de burnout. Dentre as características mais importantes, indicamos uma: quanto menores forem os índices das variáveis idade, tempo de ordenação presbiteral ou consagração religiosa, satisfação

---

25. ROSSETTI, S.J.; RHOADES, C. Burnout in catholic clergy: a predictive model using psychological and spiritual variables. *Op. cit.*

26. HERRERA, H.L. *Incidencia del síndrome de burnout en sacerdotes católicos latino-americanos y su relación con la inteligencia emocional.* Tese de doutorado. Salamanca: Universidad de Salamanca, 2009. • VICENTE-GALINDO, M.P. *et al.* Estimating the effect of emotional intelligence in wellbeing among priests. *International Journal of Clinical and Health Psychology*, v. 17, n. 1, p. 46-55, 2017.

27. MASLACH, C.; JACKSON, S.; LEITER, M. *Maslach Burnout Inventory manual.* *Op. cit.*

vocacional, suporte social e autocuidado, maior será o desgaste emocional e a despersonalização. Outra tendência emerge no contexto eclesial brasileiro quando o assunto é a síndrome de burnout: há uma tendência a subestimar as reais dimensões diagnósticas, considerando o sofrimento como elemento constitutivo da vocação.

Diante dessa realidade, nos propomos, nos capítulos que seguem, entender quais são os traços característicos da síndrome de burnout na práxis pastoral dos presbíteros e dos religiosos consagrados brasileiros. No próximo capítulo estudaremos os fatores individuais e institucionais que estão à base da escolha vocacional, mas, também, à base dos processos psicológicos que poderão conduzir a determinadas psicopatologias, entre as quais nos dedicamos à síndrome de burnout.

(Janela interativa •

O burnout na minha prática pastoral
(Adaptado da Maslach Burnout Inventory – MBI-HSS)

Neste capítulo foram apresentadas as principais caraterísticas do burnout entre os presbíteros e os religiosos consagrados. Para que você conheça um pouco mais da sua práxis pastoral, propomos alguns itens do MBI-HSS (adaptado ao contexto deste capítulo) que ajudam a entender os níveis da síndrome de burnout. Com que frequência você identifica tais características na sua práxis pastoral? Siga os seguintes critérios avaliativos:

1	2	3	4	5
Nunca	Raramente	Algumas vezes	Frequentemente	Sempre

Eu me sinto esgotado ao final de um dia de trabalho.	1	2	3	4	5

Em uma semana eu trabalho em torno de _____ horas.

Eu me sinto cansado quando me levanto de manhã e tenho que encarar um outro dia de trabalho.	1	2	3	4	5

Por noite, durmo em torno de _____ horas.

Eu me sinto esgotado com o trabalho pastoral que faço atualmente.	1	2	3	4	5

Se você pudesse escolher outro lugar para exercer o seu ministério pastoral (trabalho), você mudaria? ( ) Sim ( ) Não

Eu sinto que me tornei mais insensível com as pessoas desde que comecei este trabalho.	1	2	3	4	5

Sinto-me irritado com as pessoas quando:

_____
_____
_____
_____
_____
_____
_____.

Eu me preocupo com que a minha práxis pastoral esteja me endurecendo emocionalmente.	1	2	3	4	5
Ultimamente, o contato direto com as pessoas me deixa muito estressado.	1	2	3	4	5

Elenque as motivações vocacionais que o ajudam a desenvolver o seu trabalho pastoral:

_____
_____
_____
_____
_____
_____
_____
_____.

No meu trabalho pastoral, eu me sinto como se estivesse no meu limite.	1	2	3	4	5
Eu sinto que os paroquianos (alunos, pacientes etc.) me culpam por alguns dos seus problemas.	1	2	3	4	5

OBS.: As respostas são pessoais. Se você não se sente confortável em deixar estas páginas no livro, poderá cortá-las.

III
Na busca pelos traços do burnout na práxis pastoral

No capítulo anterior nos dedicamos a responder à seguinte pergunta: O que a síndrome de burnout tem a ver com atividade pastoral dos presbíteros ou dos religiosos consagrados? Sem entrar no mérito específico da teologia do ministério pastoral, sublinhamos que as características vocacionais têm um papel fundamental na forma como os presbíteros e os religiosos consagrados se envolvem pastoralmente no cuidado daqueles que pedem ajuda. Basta pensar, por exemplo, nas tantas atividades oferecidas nas paróquias, onde o presbítero ou o religioso consagrado continua a ser um ponto de referência diante das múltiplas necessidades de assistência espiritual e material.

Em uma pesquisa, feita entre as pessoas que pertenciam a um ambiente ou professavam algum tipo de credo religioso, se procurou saber a quem elas recorriam quando tinham problemas pessoais ou familiares. A maioria dos participantes disse que buscava ajuda do líder religioso da fé professada. Isso nos ajuda a entender que o trabalho pastoral inclui uma constante disponibilidade às numerosas necessidades que as pessoas apresentam, nas quais o presbítero ou o religioso consagrado é um ponto de referência para ajudar em questões relacionadas à espiritualidade, mas também a outros tipos de problemas[1].

O envolvimento constante com as problemáticas dos fiéis, somado a outros fatores relacionados ao contexto social e às características individuais, podem fazer da práxis pastoral um espaço de conflitos para os presbíteros e os religiosos consagrados, conduzindo-os a comportamentos desadaptativos

---

1. WEAVER, A. *et al.* Mental health issues among clergy and other religious professionals: a review of research. *Journal of Pastoral Care & Counselling*, v. 56, n. 4, p. 393-403, 2002.

ou até mesmo, em situações mais graves, a uma psicopatologia. No contexto deste livro, nos dedicamos à síndrome de burnout.

Em muitos casos, justamente porque trabalham sem esperar nada em troca, os presbíteros e os religiosos consagrados podem se sentir desiludidos com a falta de gratidão das pessoas. Muitas vezes escutamos partilhas como: "É verdade que o anúncio do evangelho é muito importante, porque os frutos nós veremos depois; mas, quando não dizem nem um muito obrigado, sinto-me como se fosse usado!" Um jovem sacerdote dizia: "parece que temos que ter solução para todas as dificuldades; às vezes, se não damos uma resposta que agrade, as pessoas se sentem ofendidas". Situações como essas nos indicam uma realidade: os presbíteros e os religiosos consagrados nem sempre têm um retorno positivo sobre aquilo que estão fazendo.

Além dos pontos já elencados, a atividade pastoral de um presbítero ou de um religioso consagrado o envolve emotivamente. Basta pensar que em um dia normal na vida de um pároco, por exemplo, que tem contato com diversas realidades pastorais: do nascimento à morte; das angústias de um jovem em crise existencial à partilha de vida de um ancião que vem confessar; da alegria da liturgia ao aconselhamento de casais em dificuldade, entre outros tantos exemplos. Tudo isso requer constante atenção, escuta, participação, compaixão etc. Conforme recorda a *Pastores Dabo Vobis*, "no contato quotidiano com os homens, partilhando a sua vida de cada dia, o sacerdote deve aumentar e aprofundar aquela sensibilidade humana que lhe permite compreender as necessidades e acolher os pedidos, intuir as questões não expressas, partilhar as esperanças, as alegrias e as fadigas do viver comum, ser capaz de encontrar a todos e de dialogar com todos"[2].

Enfim, mesmo com tanta dedicação, no fundo, os presbíteros ou os religiosos consagrados têm a impressão de que, mesmo com todos os esforços, não resolverão os problemas dos fiéis, porque muitos daqueles que os procuram nem sempre são suficientemente autônomos. Querem alguém para desabafar, escutar um conselho e depois voltar para casa. Tal realidade faz com que o presbítero ou o religioso consagrado precise conviver com a insistência

---

2. JOÃO PAULO II. Pastores Dabo Vobis: *sobre a formação dos sacerdotes*. São Paulo: Paulinas, 1992, n. 72.

das pessoas que, de certo modo, querem uma solução pronta para os seus problemas. Algumas vezes, quando sob pressão, surge a irritação, fazendo que o presbítero ou o religioso consagrado reaja de maneira inadequada.

Todas essas dificuldades, porém, não diminuem a convicção de dever sempre estar disponíveis aos outros. Ao enfrentar as dificuldades humanas e espirituais daqueles que vêm buscar conforto para as suas angústias, os presbíteros e os religiosos consagrados ativam a "chave" de leitura vocacional da realidade, na qual os valores idealizados da práxis pastoral traduzem a caridade pastoral em um comportamento que caracteriza a vocação. Em outras palavras, surge a convicção de que se deve estar sempre disponível aos outros, mesmo quando não aguentam mais, justamente porque esta é a vocação para a qual Deus os chamou.

Como em outras áreas da atividade humana, também o presbítero ou o religioso consagrado precisa responder de maneira adequada às constantes solicitações de ajuda. E isso precisa ser feito em um contexto

> sobretudo conhecendo e partilhando, isto é, fazendo sua a experiência humana da dor na multiplicidade das suas manifestações, desde a indigência à doença, da marginalização à ignorância, à solidão, à pobreza material e moral, o padre enriquece a própria humanidade e torna-a mais autêntica e transparente, num crescente e apaixonado amor pelo homem[3].

Além disso, durante o período de formação inicial, os presbíteros e os religiosos consagrados são formados em um contexto que reforça a ideia de que, para a atividade de evangelização, "[...] são orientados para a perfeição da vida, por força das próprias ações que desenvolvem quotidianamente, como também de todo o seu ministério [...]"[4].

O que acontece quando tal dedicação pastoral se dissolve entre as tantas atividades que precisam ser feitas? O que acontece se a dedicação pastoral acaba caindo no vazio característico do ativismo pastoral? Na sequência, abordaremos dois amplos fatores relacionados entre si que nos ajudam a entender o desenvolvimento da síndrome de burnout no contexto eclesial.

---

3. *Ibid.*
4. *Ibid.*, n. 24.

O objetivo é traçar um provável perfil dos presbíteros e dos religiosos consagrados mais suscetíveis à síndrome de burnout. Partiremos da função das características individuais no enfrentamento do burnout. Na sequência, elencaremos alguns fatores contextuais e institucionais que contribuem para enfatizar um exagerado idealismo vocacional, fonte essa para algumas práticas desadaptativas ao interno do ministério pastoral. Enfim, faremos uma breve incursão sobre algumas ideias que nos remetem à necessidade de uma conversão pastoral.

1 A função dos fatores individuais no desenvolvimento do burnout

A síndrome de burnout, como enfatizamos nos capítulos anteriores, não é somente o exaurimento das forças físicas, mas também a perda dos ideais sob os quais se baseia a motivação em relação ao desenvolvimento de um determinado trabalho. Aqueles que eram inicialmente motivados, ardentemente empenhados na dedicação aos outros, aos poucos transformam essa dedicação em uma desilusão, com a qual se sentem desencantados e frustrados. É como se fosse uma "patologia do altruísmo", como chama Cherniss, devido ao excesso de empenho e dedicação aos outros[5].

A característica comum, presente na reação ao excesso de altruísmo, é o distanciamento, seja físico ou afetivo. Basicamente, na dinâmica da "patologia do altruísmo", o sujeito se retira psicologicamente em si mesmo, perde o entusiasmo e o interesse pela atividade desenvolvida, vivendo um conjunto de sintomas ligado a múltiplos fatores. Dessa panorâmica emergem fatores individuais, ambientais e motivacionais. Estes diversos aspectos se influenciam de modo circular, intensificando as reações negativas do trabalhador em relação a si mesmo, aos outros e ao trabalho. No que diz respeito à vocação à vida religiosa consagrada e presbiteral, o vínculo com a vocação se enfraquece, tornando cada vez mais difícil seguir em frente devido àquilo que geralmente se denomina cansaço.

Dentro do amplo campo dos problemas relacionados à dedicação aos outros, as características individuais assumem uma função importante. Não podemos esquecer de sublinhar que a qualidade dos eventos estressantes é

---

5. CHERNISS, C. *Staff burnout: job stress in the human services. Op. cit.*

avaliada de modo diverso de pessoa para pessoa, segundo as estruturas de personalidade e as habilidades que cada um usa para enfrentar tais eventos. De fato, as pesquisas que colocam em confronto a relação entre características de personalidade e resposta desadaptativa às situações de estresse indicam uma correlação significativa entre o modo de ser de cada um e a capacidade de adaptação às situações que possam conduzir ao estresse[6].

1.1 Fatores relacionados ao tempo: idade, consagração e trabalho

Dentro do âmbito dos fatores individuais que predispõe os religiosos consagrados e os presbíteros à síndrome de burnout, as pesquisas empíricas indicam que, entre as variáveis sociodemográficas, a idade, o tempo de consagração religiosa ou ordenação presbiteral e a quantidade de horas trabalhadas são fatores significativos. Dentro do âmbito eclesial, estudar a função dessas variáveis é fundamental, porque ajuda a entender como desenvolver projetos formativos, tendo como ponto de partida o perfil no qual o burnout é observado com mais frequência e com maior intensidade.

Partimos da idade. A idade tem sido considerada pelas pesquisas como um fator preditivo da síndrome de burnout entre os profissionais das chamadas profissões de ajuda. Em particular, a vivência desadaptativa do estresse é observada com mais frequência e intensidade entre os mais jovens. De fato, ao iniciar um trabalho que tem como característica a dedicação aos outros, o profissional é motivado por um forte idealismo. Um dos fatores que contribuem para essa realidade é que nem todos os jovens conseguem administrar os constantes pedidos de ajuda vindos do outro que necessita de ajuda. A primeira reação é lançar-se plenamente ao encontro daqueles mais necessitados, sem avaliar as possíveis consequências do envolver-se com as problemáticas dos outros.

A idade também é um importante fator preditivo do burnout no contexto eclesial. Em um estudo realizado na Inglaterra foi revelado que os presbíteros que têm entre 40 e 49 anos de idade apresentaram altos índices de exaustão emocional e de despersonalização, sendo que, a partir dos 60 anos, os índi-

---

6. BAIOCCO, R. *Il rischio psicosociale nelle professioni di aiuto*. Gardolo: Erickson, 2004, p. 33.

ces tendem a se reduzir significativamente[7]. Resultados semelhantes foram encontrados por outros autores, que relatam que os presbíteros, com idade mais elevada, enfrentam menos estresse, desfrutam de maior satisfação com a vida e percebem melhor a autoeficácia pastoral[8].

Recentes pesquisas feitas entre os presbíteros e os religiosos consagrados brasileiros nos indicaram que aqueles que têm entre 30 e 40 anos de idade são mais propensos a desenvolver a síndrome de burnout do que aqueles que têm mais de 60 anos de idade[9]. Isso nos indica que, na medida em que aumenta a idade, o estresse na práxis pastoral tende a diminuir. De fato, os estudos indicam que, quanto menor for a idade, maiores serão os níveis de exaurimento emotivo e de despersonalização; da mesma forma se observa uma redução na realização pessoal[10].

Mas qual seria a explicação para que a idade seja um fator preditivo do burnout entre os presbíteros e os religiosos consagrados? Os jovens geralmente são mais envolvidos com o contexto sociorrelacional em que desenvolvem o seu ministério pastoral, sendo mais sensíveis às necessidades e às exigências daqueles pelos quais são responsáveis pastoralmente. Além disso, tendo apenas terminado a formação inicial, são mais predispostos a envolverem-se pastoralmente, mesmo que ainda não tenham interiorizado suficientemente o sentido da práxis pastoral. Tendo menos experiência, o confronto com a realidade pode representar uma oportunidade para crescer humana e vocacionalmente, mas também pode ser um grande desafio.

No contexto deste capítulo não nos referimos somente ao tempo cronológico, mas da experiência acumulada. Em outros termos, com o avançar da idade e das experiências acumuladas, os presbíteros e os religiosos consagrados desenvolvem estratégias que os ajudam a lidar com as situações estressantes e

---

7. FRANCIS, L.; JONES, S.; CRAIG, C. Personality and Religion: the relationship between psychological type and attitude toward christianity. *Archive for the Psychology of Religion*, v. 26, n. 1, p. 15-33, 2004.

8. WEBB, B.; CHASE, K. Occupational distress and health among a sample of christian clergy. *Pastoral Psychology*, v. 68, n. 3, p. 331-343, 2019.

9. SANAGIOTTO, V. *La sindrome di burnout tra i sacerdoti e i religiosi brasiliani: un'indagine sul campo tra i domini di personalità e la gestione delle emozioni.* Curitiba: Ed. do autor, 2022.

10. SANAGIOTTO, V.; PACCIOLLA, A. Exaustos, porém, realizados! – Análise descritiva da síndrome de burnout entre os padres e religiosos brasileiros. *Op. cit.*

os desafios vindos com a práxis pastoral[11]. Essa realidade é comprovada pelas pesquisas, ou seja, os presbíteros e os religiosos consagrados brasileiros que têm até 10 anos de ordenação presbiteral ou votos perpétuos tendem a ser mais exaustos emocionalmente, mais despersonalizados e menos realizados pessoalmente com aquilo que fazem.

Um outro fator sociodemográfico que apresenta resultados significativos no âmbito eclesial brasileiro é a quantidade de horas trabalhadas. Os dados mostram que os presbíteros e os religiosos consagrados que trabalham mais de 60 horas semanais, em torno de 9 horas por dia, tendem a desenvolver altos índices de exaustão emocional. Juntamente à quantidade de horas trabalhadas, os presbíteros e os religiosos consagrados muitas vezes têm a sensação de que seu trabalho nunca termina. À base dessa sensação, encontramos o dever estar sempre disponível.

Portanto, o que está em jogo não é somente um número que faz referência a um tempo cronológico (tais como idade, tempo de consagração religiosa ou ordenação presbiteral, horas trabalhadas), mas o modo como os presbíteros e os religiosos consagrados usam os fatores motivacionais e experienciais relacionados à práxis pastoral. A forma como se aprende a enfrentar os diversos aspectos da dedicação pastoral vai consolidando uma identidade vocacional que dá sentido à vocação, configurando as relações com as quais compartilha o entusiasmo apostólico.

1.2 Fatores relacionados à motivação individual

A vocação à vida religiosa consagrada ou presbiteral, através dos vários anos de formação inicial ou permanente, internaliza determinados valores que dizem respeito à práxis pastoral: ser pastor de almas, dedicar-se aos outros com todo o coração, estar disponível para aqueles que buscam conforto espiritual etc. A pastoralidade significa "viver num clima de constante disponibilidade para se deixar agarrar, como que "devorar", pelas necessidades e exigências do rebanho"[12]. Por causa desse ideal de seguimento a Jesus Cristo, homens

---

11. BÜSSING, A. *et al.* Spiritual dryness in catholic priests: Internal resources as possible buffers. *Psychology of Religion and Spirituality*, v. 9, n. 1, p. 46-55, 2017.
12. JOÃO PAULO II. Pastores Dabo Vobis: *sobre a formação dos sacerdotes*. *Op. cit.*, n. 28.

e mulheres se apaixonam e decidem consagrar toda a vida, fazendo disso uma vocação. Tais características vocacionais não são assumidas por prestígio econômico, mas por amor aos irmãos mais sofredores e necessitados da misericórdia de Deus.

As motivações apenas elencadas, que caracterizam a vocação à vida religiosa consagrada ou presbiteral, podem se tornar um motivo de mal-estar e de exaurimento emotivo, principalmente quando o envolvimento pastoral é excessivamente idealizado. Tantas vezes o religioso consagrado ou o presbítero se sente culpado por não conseguir realizar as expectativas que havia proposto como metas a serem alcançadas. Tal processo de exaurimento foi descrito por Maslach, como pessoas que deram o máximo de si mesmas, até chegar o momento no qual não restou mais nada para dar: esses simplesmente se exaurem[13].

Algumas vezes a espiral do exaurimento emotivo parece seguir uma sequência que se repete, principalmente quando o envolvimento com a pastoral é marcado por um profundo ideal de consagração: em um primeiro momento surge uma certa *estagnação* diante de uma pastoral que se tornou rotina, quando nada mais parece mudar, mesmo que o presbítero ou o religioso consagrado se esforce para promover mudanças significativas. Logo depois surge uma fase de estagnação aguda, caracterizada por um sentimento de *desilusão*, por se encontrar envolvido com uma pastoral que se pensava fosse diferente. O passo seguinte parece óbvio, se caracteriza pelo retirar-se em uma condição de superficialidade e de *apatia*.

Podemos dizer que o ciclo da desilusão motivacional que conduz ao burnout se caracteriza por uma forte idealização com a práxis pastoral, passando por uma estagnação, pela desilusão e pela apatia. Em outras palavras, o sonho de mudar o mundo através da vocação é esfacelado. Na ponta final desse processo, a dedicação pastoral se torna estereotipada, monótona, com uma redução significativa do investimento emotivo na atividade pastoral desenvolvida, que passa a ser percebida como ameaçadora. Esse ciclo é acentuado quando o trabalho pastoral desenvolvido por um presbítero ou um religioso consagrado é marcado pela gratuidade e abnegação total, sem

---

13. MASLACH, C. *La sindrome del Burnout: il prezzo dell'aiuto agli altri. Op. cit.*

esperar nada em troca. Em outras palavras, quanto maior é a idealização vocacional, maior será a tendência a entrar no ciclo da desilusão pastoral, principalmente quando faltam as condições psicológicas para enfrentar tais situações.

No âmbito pastoral, a motivação que leva um presbítero ou um religioso consagrado a dedicar-se aos outros não é somente parte de um trabalho, mas é uma escolha de vida baseada em profundas convicções religiosas. Na vida religiosa consagrada ou presbiteral o fator motivacional é o coração da dedicação pastoral, porque na práxis pastoral "existe uma íntima conexão entre a vida espiritual do presbítero e o exercício do seu ministério [...]"[14]. As convicções religiosas e a vida espiritual qualificam as atitudes que levam o religioso consagrado ou o presbítero ao envolvimento com as pessoas que lhes foram confiadas.

Se o caminho de fé é vivido de maneira superficial, se a religiosidade é separada do estilo de vida, o presbítero ou o religioso consagrado pode sentir o que chamamos de vazio existencial, chegando a comportamentos incongruentes entre a realidade professada e a realidade vivida. Tantas vezes, para fugir desse sentido de vazio, se recorre ao ativismo pastoral, fonte de uma afetividade desordenada e ambígua, que produz atitudes de insatisfação e de crítica ao trabalho e às pessoas com as quais se envolve pastoralmente[15].

Definitivamente, a passagem do idealismo pastoral ao exaurimento emotivo (cansaço) faz com que o presbítero ou o religioso consagrado perca a fé em si mesmo e nas suas capacidades humanas. A condição de mal-estar não se refere somente à práxis pastoral, mas diz respeito ao sentido que essa prática tem em si mesma, quando se dá conta que tudo aquilo que faz não produz os frutos que se esperava. A sensação de fundo é aquela de que as motivações vocacionais mais profundas se transformam em um processo no qual o presbítero ou o religioso consagrado sente que a própria existência, de certo modo, perde o sentido.

---

14. JOÃO PAULO II. Pastores Dabo Vobis: *sobre a formação dos sacerdotes. Op. cit.*, n. 24.
15. SANAGIOTTO, V. *La sindrome di burnout tra i sacerdoti e i religiosi brasiliani: un'indagine sul campo tra i domini di personalità e la gestione delle emozioni. Op. cit.*

A necessidade é de responder a uma motivação que não é somente humana, mas sobretudo de ordem espiritual, conforme lemos na *Pastores Dabo Vobis*: "quem é posto à frente do povo deve ser o primeiro a dar-se conta de que é servo de todos. E não desdenhe de o ser, repito, não desdenhe de ser servo de todos, pois não desdenhou de se tornar nosso servo Aquele que é Senhor dos senhores"[16]. Imbuídos de tal proposta espiritual, os presbíteros e os religiosos consagrados continuam a se dedicar àqueles que lhes foram confiados, mesmo quando estão extremamente exauridos.

Em um encontro organizado para tratar do assunto relacionado ao burnout no ambiente eclesial um presbítero que era responsável pela pastoral da juventude compartilhava: "como posso pensar em mim mesmo se na nossa diocese é difícil encontrar pessoas que estejam disponíveis para escutar os jovens?" Em teoria, a dedicação plena aos outros faz parte da missão de evangelização para a qual o presbítero ou o religioso consagrado foi chamado. Porém, se ele perde de vista o motivo principal de tal "fadiga pastoral", tenderá a se refugiar em falsas expectativas, deixando aberta a porta para a desilusão e o falimento. "Quando as pessoas esperam de mim coisas impossíveis, dizia uma irmã religiosa consagrada, eu fico muito mal. É como se eu tivesse a predisposição para resolver todos os problemas. Por isso me sinto entre a vontade de me doar ao máximo e a necessidade de reconhecer os meus limites."

O então Papa Bento XVI advertia contra o perigo da perda do sentido vocacional, fazendo referimento ao "risco da mediocridade", quando a vocação se traduz em uma forma de individualismo e egocentrismo que enfraquece o caminho da fidelidade evangélica[17]. Desse modo, a fé "preguiçosa" torna árido o terreno da vocação, deixando o presbítero ou o religioso consagrado bloqueado em uma sensação de que... não se tem mais nada para se fazer. A partir desse momento, entramos em uma dinâmica na qual se cria uma

---

16. JOÃO PAULO II. Pastores Dabo Vobis: *sobre a formação dos sacerdotes. Op. cit.*, n. 21.
17. BENTO XVI. *Discurso do Papa Bento XVI aos superiores e às superioras-gerais dos institutos de vida consagrada e das sociedades de vida apostólica*. Vaticano. Disponível em: https://www.vatican.va/content/benedict-xvi/pt/speeches/2006/may/documents/hf_ben-xvi_spe_20060522_vita-consacrata.html

ideia inadequada em relação à práxis pastoral, principalmente com uma forte sensação de falimento vocacional.

O quadro que se configura é: por um lado, o presbítero ou o religioso consagrado gostaria de realizar-se vocacionalmente de maneira altruísta, mas, por um outro lado, não se sente à altura de tal tarefa, conduzindo a um sentimento de redução da realização com a pastoral desenvolvida. Mesmo diante de tal situação, ao invés de diminuir o ritmo pastoral para dedicar-se ao cuidado de si mesmo, a tendência é que o presbítero ou o religioso consagrado tente doar-se sempre mais. A ideia de fundo que transparece em tal atitude é que, a partir do momento em que recebe um *feedback* positivo, confirmará que o envolvimento pastoral ainda vale a pena.

1.3 Fatores relacionados à estrutura de personalidade

A maioria das pesquisas indicam que os traços de personalidade desempenham um papel importante no desenvolvimento do burnout[18]. Diante de estímulos estressantes, as pessoas não reagem da mesma forma: algumas são capazes de encontrar formas de adaptação, enquanto outras são mais vulneráveis ao estresse. Como a própria Maslach afirmou, o burnout não se revela da mesma forma em todas as pessoas: "o estilo interpessoal, a forma de administrar os problemas, a expressão e controle das emoções e a autopercepção são aspectos da personalidade que têm particular relevância para o esgotamento"[19]. Em outras palavras, a literatura indica que os traços de personalidade estão amplamente correlacionados com o estresse, de acordo com o estilo de personalidade.

Em uma pesquisa longitudinal, Gustafsson *et al.*[20] investigaram o papel dos traços de personalidade em um grupo diagnosticado com síndrome de burnout e outro grupo considerado de controle, sem o diagnóstico de burnout. Os resultados indicaram que a estabilidade emocional, agilidade mental

---

18. ALARCON, G.; ESCHLEMAN, K.; BOWLING, N. Relationships between personality variables and burnout: a meta-analysis. *Work & Stress*, v. 23, n. 3, p. 244-263, 2009.

19. MASLACH, C. *La sindrome del Burnout: il prezzo dell'aiuto agli altri*. *Op. cit.*, p. 128.

20. GUSTAFSSON, G. *et al*. Personality traits among burnt out and non-burnt out health-care personnel at the same workplaces: A pilot study. *International Journal of Mental Health Nursing*, v. 18, n. 5, p. 336-348, 2009.

e confiança em si mesmo, quando apresentam baixos índices, são variáveis preditoras da síndrome de burnout.

Em uma pesquisa realizada com 293 presbíteros e religiosos consagrados de diversas partes do Brasil, usamos o Personality Inventory for DSM-5 (PID-5) para analisar os traços de personalidade com tendência psicopatológica[21]. Os dados nos indicaram uma correlação significativa entre burnout e os traços de personalidade psicopatológicos, especialmente a "afetividade negativa" e o "distanciamento". Isso significa que, quanto mais frequentes e intensas forem as experiências com altos níveis de uma ampla variedade de emoções negativas, maior será a possibilidade do desenvolvimento do exaurimento emotivo, da despersonalização e da redução da realização pessoal. Acrescente-se que a evitação da experiência socioemocional, incluindo retraimento das interações interpessoais, contribui significativamente para o desenvolvimento da síndrome de burnout.

O fato é que a correlação entre os domínios da personalidade e a vivência do indivíduo estressado continua sendo um sofrimento psíquico, ligado a sintomas de origem tanto interpessoal (distanciamento) quanto intrapessoal (afetividade negativa). Sem muitas delongas, a relação entre estrutura de personalidade e burnout foi também revelada, usando outros instrumentos psicológicos, sendo que os resultados indicam que, no contexto eclesiástico, existe uma correlação significativa entre personalidade e burnout.

2 A função dos fatores institucionais para a fadiga pastoral

Além das condições individuais que podem contribuir para o desenvolvimento da síndrome de burnout, o contexto organizativo/institucional é um fator importante que ajuda a entender as causas da problemática do mal-estar no ambiente de trabalho. Os fatores institucionais se correlacionam com os fatores subjetivos e interpessoais que, se não estão integrados com o ambiente de convivência, podem tornar-se motivo de estresse, incidindo negativamente no contexto laborativo.

---

21. SANAGIOTTO, V. *La sindrome di burnout tra i sacerdoti e i religiosi brasiliani: un'indagine sul campo tra i domini di personalità e la gestione delle emozioni. Op. cit.*

Quando nos referimos ao contexto institucional, consideramos, particularmente, a rede de suporte relacional, a disponibilidade de recursos institucionais, a insatisfação com o trabalho desenvolvido, a escassa autonomia pessoal etc. São todos elementos que incidem negativamente na relação com o trabalho desenvolvido, sobretudo quando as expectativas do indivíduo e da instituição são discrepantes, o qual sente que está desperdiçando energia emocional e física em um contexto inter-relacional que lhe é estranho.

Abordaremos os fatores institucionais tendo como ponto de referência a vivência pastoral dos presbíteros e dos religiosos consagrados. Se a instituição religiosa ou diocese sobrecarrega de trabalho os presbíteros e os religiosos consagrados, se esses encontram um ambiente em que falta interação e a colaboração, certamente desenvolverão uma afetividade distorcida e, em certas circunstâncias, hostil, consigo mesmo, com a instituição de pertencimento e com as pessoas as quais se dedicam pastoralmente. Com essas características entendemos dizer que, quando o clima institucional (diocese ou congregação religiosa) transmite características particularmente contrastantes com o ideal professado, fará que os seus membros estejam mais suscetíveis às intempéries do exaurimento psicológico.

Por isso, partiremos da sobrecarga de trabalho, onde analisaremos como a pastoral das muitas coisas para se fazer contribui para o exaurimento psicológico no âmbito eclesial. Na sequência nos dedicaremos a entender como a sensação de pertencimento ao presbitério ou à comunidade religiosa contribui para diminuir a triste realidade da solidão no contexto eclesial. Enfim, procuraremos entender a função da afetividade na construção de um ambiente institucional de colaboração entre os membros.

2.1 A pastoral das muitas coisas para se fazer

Um religioso consagrado ou um presbítero, no exercício das suas funções pastorais, precisa lidar com as expectativas que são colocadas em torno do trabalho que deve ser feito. Na base dessa característica estrutural presente nos contextos eclesiais, encontramos um determinado modelo idealizado de como um presbítero ou um religioso consagrado deve ser ou comportar-se. Tal expectativa pode se tornar problemática e estressante, sobretudo quando as informações sobre o que precisa ser feito são transmitidas de maneira inadequada. Tudo isso pode se tornar motivo de burnout, sobretudo quando o presbítero ou o religioso consagrado assume funções para as quais não foi adequadamente preparado.

"Às vezes não sei mais em qual lugar eu devo estar – dizia um pároco de 50 anos que há pouco tempo foi nomeado capelão de uma universidade. Agora sou pároco, responsável pela catequese diocesana, ecônomo no seminário e capelão. O que ainda falta assumir?" Na pastoral, os conflitos vindos das muitas funções assumidas podem se evidenciar quando se espera que o presbítero ou o religioso consagrado desenvolva as diversas atividades da melhor maneira possível, com ou sem competência. Se ele não se sente suficientemente preparado, deverá administrar um frágil equilíbrio entre os recursos pessoais e as exigências da função assumida.

O risco do desequilíbrio entre recursos humanos e os ideais institucionais acentua a percepção ambígua das funções assumidas, principalmente quando não é claro quais são as atitudes eficazes para desenvolver tal trabalho. Pensemos em alguém que foi nomeado para ser formador sem nunca ter sido preparado para tal função; entre outros tantos exemplos. Em tudo isso,

> as condições, em que muitas vezes e em tantos lugares se processa atualmente o ministério dos presbíteros, não facilitam um empenhamento sério na formação: a multiplicação de tarefas e serviços, a complexidade da vida humana em geral e a das comunidades cristãs em particular, o ativismo e a ânsia típica de tantas áreas da nossa sociedade, frequentemente privam sacerdotes do tempo e das energias indispensáveis para "cuidar de si mesmos"[22].

À insuficiente formação se acrescenta a falta de modelos formativos que sirvam como referência, o que deixa o presbítero ou o religioso consagrado, de certo modo, desorientado, sem alternativa para confrontar-se. Um presbítero já ancião dizia: "O que é o padre na sociedade de hoje? E na Igreja? Os modelos que recebemos no passado já não correspondem mais à realidade em que vivemos hoje. Nos livros nós estudamos muitas coisas belas, mas na realidade não sabemos a qual santo invocar". No final

---

22. JOÃO PAULO II. Pastores Dabo Vobis: *sobre a formação dos sacerdotes. Op. cit.*, n. 78.

acrescentou: "Chegando nesse momento da minha vida, tenho a impressão de que somos usados em um projeto que nós não conhecemos. Somos uma peça em um mosaico, temos que ser sinceros e dizer que o desenho inteiro nós não conhecemos"[23].

Imersos em um contexto institucional que nem sempre supre as exigências formativas, os presbíteros e os religiosos consagrados arriscam de investir as suas energias em um fatigoso e confuso envolvimento pastoral; justamente porque se envolvem em muitas atividades, ao final chegam à conclusão de que não aguentam mais. Mesmo assim, esses farão de tudo para continuar, mesmo correndo o risco de exaurir-se psicologicamente, sobretudo de perder de vista as motivações vocacionais que justificam o seu empenho pastoral. Sem um saudável hábito de dar prioridade e de organizar-se entre as diversas atividades assumidas, se sentirão à mercê das tantas coisas que têm que fazer, confusos e desorientados no seu ministério[24].

2.2 O sentido de pertencimento e a solidão eclesial

A partir do momento em que se reduz o investimento emotivo na práxis pastoral, o presbítero ou o religioso consagrado começa a viver uma condição de tédio e de falta de sentido que, se por um lado tem uma função defensiva, por outro lado torna árido o ideal altruísta, característico do ministério pastoral. De fato, quando se sente inútil ou percebe que não é suficientemente valorizado no contexto em que trabalha, o presbítero ou o religioso consagrado entra em uma dinâmica de decadência vocacional particularmente nociva.

Esta realidade é impactante principalmente para aqueles que se envolvem com a práxis pastoral motivados por um forte ideal. Se falta a condição *sine qua non* que vivifica e caracteriza a vocação, os presbíteros e os religiosos consagrados se arriscam a viver um estilo de vida apático e indiferente.

> Não encontro mais o entusiasmo que tinha uma vez – dizia uma irmã religiosa consagrada –, tudo me parece inútil e chato. Nem

---

23. RONZONI, G. *Ardere, non bruciarsi – Studio sul burnout tra il clero diocesano.* Pádova: EMP, 2008.
24. BISHOPS' COMMITTEE ON PRIESTLY LIFE AND MINISTRY. The priest and stress. *Op. cit.*, p. 16.

o trabalho que atualmente a congregação religiosa me confiou ajuda-me a preencher o vazio que sinto dentro de mim.

Quando este sentido de "mediocridade vocacional" se torna normal, o presbítero ou o religioso consagrado se fecha em si mesmo, envolvendo-se somente com aquilo que contribui com a perspectiva autorreferencial. Chegado a este ponto, qualquer tipo de envolvimento pastoral se torna particularmente estressante, porque perde de vista o motivo principal pelo qual se dedica aos outros. Podemos dizer que é uma "doença" da falta de motivação, na qual o "distúrbio" principal é o enfraquecimento das motivações, em cujas bases encontramos a falta de sentido, pela qual as situações concretas são enfrentadas na perspectiva do fazer ao invés do ser. Em outros termos, o presbítero ou o religioso consagrado começa a esquecer o que ele é, em termos vocacionais.

Tal dinâmica que estamos descrevendo só se desenvolve em um contexto relacional no qual as inter-relações são empobrecidas, onde a confiança recíproca, o encorajamento e o sustentamento na práxis pastoral não são cultivados. Tantas vezes se fala da solidão dos presbíteros e dos religiosos consagrados, vinda principalmente da dificuldade em estabelecer relações que sejam minimamente funcionais.

Os presbíteros e os religiosos consagrados que sentem o peso da solidão não são aqueles que vivem sozinhos, mas aqueles que, apesar dos esforços institucionais para criar um espírito de comunhão, sentem o peso de se envolverem com relações pouco gratificantes. Isso significa que o sentido desgastante da solidão "não é de se buscar na possibilidade de viver com outras pessoas, falamos de um outro nível: em pertencer ou não a um corpo eclesial que vive e trabalha com os mesmos objetivos, ideais e valores"[25].

O problema da "solidão qualitativa" do presbítero ou do religioso consagrado parece surgir com mais frequência no campo do trabalho pastoral, "solidão que nasce de várias dificuldades que, por sua vez, provoca ulteriores contrariedades"[26]. Dizia um jovem irmão religioso consagrado:

---

25. RONZONI. G. *Ardere, non bruciarsi – Studio sul burnout tra il clero diocesano. Op. cit.*, p. 63.

26. JOÃO PAULO II. Pastores Dabo Vobis: *sobre a formação dos sacerdotes. Op. cit.*, n. 74.

Não suporto mais os nossos momentos de fraternidade. Estamos juntos para comer, beber e conversar; mas naquele burburinho é difícil fazer com que a própria voz seja ouvida. Para mim, que vivo com tantos problemas no colégio onde trabalho, não consigo encontrar espaços para partilhar as minhas experiências.

Em uma recente pesquisa, já citada no capítulo anterior, realizada entre as religiosas consagradas brasileiras, buscamos entender o papel da vida de comunidade na prevenção e no desenvolvimento da síndrome de burnout[27]. Entre as conclusões a que chegamos, indicamos que entre as religiosas consagradas que registram pontuações mais altas na satisfação com a comunidade, também registraram pontuações mais baixas na exaustão emocional e na despersonalização. Esse resultado sugere que uma boa qualidade da vida em comunidade aumenta a resiliência contra o burnout, enquanto uma baixa qualidade da vida em comunidade entre as religiosas consagradas pode aumentar o esgotamento psíquico, e, como consequência, influenciar a qualidade do trabalho desenvolvido.

Quando as relações são marcadas por uma certa crítica, ou pior, pela superficialidade, alimenta-se um clima de insatisfação interior que repercute ao interno de toda uma diocese ou a uma congregação religiosa. Tantas vezes as relações interpessoais são silenciadas para haver concordância entre aqueles que pensam de modo diferente. O conteúdo de tais relações se baseia em evitar tensões, em compartilhar somente as ideias e as experiências que mantêm a unidade formal e burocrática. Este modo de viver as relações, se por um lado satisfaz as necessidades de sentir-se reconhecido, por outro lado pode se tornar uma perigosa fuga (amizades ambíguas, com fins relacionais inadequados etc.) que, com o andar da carruagem, corrói o entusiasmo e afasta dos ideais comuns da consagração religiosa ou da ordenação presbiteral.

---

27. SANAGIOTTO, V.; CAMARA, C.; PACCIOLLA, A. A síndrome de burnout na vida religiosa consagrada feminina: as contribuições da vida em comunidade. *Op. cit.*

2.3 O ambiente afetivo e o burnout pastoral

O outro fator relevante ao interno da instituição diz respeito ao clima no qual se desenvolve a atividade pastoral, de modo particular a qualidade das relações entre aqueles que têm um objetivo comum. A possibilidade de encontrar-se e discutir as tensões, de receber informações relevantes sobre a pastoral desenvolvida, de sentir a solidariedade dos outros quando existem conflitos se torna estimulante e ajuda o presbítero ou o religioso consagrado a melhor resolver as questões relacionadas à práxis pastoral.

Quando falta um clima de grupo favorável, de recíproca sustentação e colaboração, aumenta o risco do burnout. De fato, a ausência de relações positivas ao interno de um determinado grupo, na vida religiosa consagrada ou presbiteral, corresponde à vida comunitária ou à fraternidade presbiteral e aumenta a sobrecarga emotiva. Se a instituição não facilita a criação de um clima de grupo positivo, se não oferece estímulos adequados para alimentar um método pastoral colaborativo, aumenta o risco de que o religioso consagrado ou o presbítero sinta diminuir a necessidade de compartilhar as situações ligadas à tensão na práxis pastoral.

A essa altura, podemos nos colocar uma pergunta: Como é a qualidade das relações entre os presbíteros e os religiosos consagrados? A comunhão presbiteral está se tornando uma prioridade ou é somente uma piedosa exortação institucional? Trata-se, certamente, de questões importantes porque, quando se fala em fraternidade presbiteral, não nos referimos somente a uma colaboração funcional que torna o trabalho pastoral eficaz, mas falamos de comunhão que caracteriza e motiva a práxis pastoral e a própria vocação.

O então Papa João Paulo II, na *Carta Apostólica* Novo Millennio Ineunte, dizia que

> antes de programar iniciativas concretas, é preciso promover uma espiritualidade da comunhão, elevando-a ao nível de princípio educativo em todos os lugares onde se plasma o homem e o cristão, onde se educam os ministros do altar, os religiosos consagrados, os agentes pastorais, onde se constroem as famílias e as comunidades. Espiritualidade da comunhão significa em primeiro lugar ter o olhar do coração voltado para o mistério da Trindade, que habita em nós e cuja luz há de ser percebida também no rosto dos irmãos que estão ao nosso redor. Espiri-

tualidade da comunhão significa também a capacidade de sentir o irmão de fé na unidade profunda do corpo místico[28].

Esta espiritualidade, além de ser anunciada com palavras, precisa ser enraizada no modo concreto como os presbíteros e os religiosos consagrados vivem as relações cotidianas. De fato, a práxis pastoral não pode ser destacada do estilo de comunhão sobre o qual se fundamenta a vocação presbiteral ou a vida religiosa consagrada: comunhão com Deus, comunhão com a Igreja, comunhão com o bispo ou superior, comunhão entre os próprios presbíteros e os religiosos consagrados. Dizia o Papa João Paulo II: "O ministério ordenado tem uma radical 'forma comunitária' e pode apenas ser assumido como 'obra coletiva'"[29].

Portanto, a colaboração entre os presbíteros ou entre os religiosos consagrados é muito importante para promover a solidariedade institucional. No fundo, trata-se de um espírito de comunhão que permeia todos os aspectos da missão apostólica. Juntos,

> todos têm uma só finalidade, isto é, a edificação do corpo de Cristo que, especialmente em nossos dias, requer múltiplas atividades e novas adaptações. Por isso, é da máxima importância que todos os presbíteros, diocesanos ou religiosos consagrados, se ajudem mutuamente, para que sejam sempre cooperadores da verdade[30].

Quando esta colaboração institucional é precária, com um clima relacional conflitual ou superficial, corre-se o risco de sobrecarregar as tensões nas atividades externas ou com as pessoas com as quais se desenvolve o ministério pastoral. Tal dinâmica passa do excesso de trabalho a um comportamento punitivo, seja consigo mesmo ou com os outros. Em tal dinâmica relacional, a congregação religiosa ou a diocese, ao invés de ser um ponto de sustentação, torna-se um ponto de estresse. Desse modo, surgem comportamentos particularmente problemáticos, os quais citamos: o autoritarismo,

---

28. JOÃO PAULO II. *Carta Apostólica* Novo Millennio Ineunte. 4. ed. São Paulo: Paulinas, 2001, n. 43.

29. JOÃO PAULO II. Pastores Dabo Vobis: *sobre a formação dos sacerdotes. Op. cit.*, n. 17.

30. CONCÍLIO ECUMÊNICO VATICANO II. *Presbyterorum Ordinis*. São Paulo: Paulinas, 1966, n. 8.

comportamentos segregados, conformismo pastoral, mutismo nos encontros diocesanos e assembleias provinciais etc.

O clima socioafetivo que se cria na práxis pastoral é o coração da missão que o presbítero ou o religioso consagrado é chamado a desenvolver, missão essa centralizada na caridade e no amor por aqueles que foram confiados aos seus cuidados. Muitas vezes, porém, são as relações desajustadas que abrem a porta para o desenvolvimento da síndrome de burnout. Para entender a fundo o problema do burnout na práxis pastoral é importante focalizar a atenção sobre as relações e o tipo de envolvimento emotivo.

O presbítero ou o religioso consagrado que tem algum tipo de responsabilidade pastoral é chamado a desenvolver tal prática dentro de um confim muito específico: da caridade pastoral e do respeito às pessoas. Violar tal confim pode tornar as relações desadaptativas, seja porque alimenta problemáticas afetivas individuais, seja porque danifica o modo de viver a fraternidade eclesial, criando um clima de superficialidade.

Quando o presbítero ou o religioso consagrado vive com dificuldade as relações pastorais, o peso da solidão se torna particularmente corrosivo. Como sublinhamos no tópico anterior, se, dentro da dinâmica institucional, os superiores são distantes, se acrescentamos a falta de solidariedade entre a fraternidade presbiteral ou comunitária o presbítero com dificuldade pastoral sentirá dificuldade de encontrar alguém para compartilhar as suas escolhas, os seus objetivos pastorais e as metodologias operativas usadas para levar em frente a práxis pastoral. Sem dúvida, podemos dizer que, quanto mais a rede de relações interpessoais do presbítero ou do religioso consagrado se torna desgastada, tanto mais o contexto institucional se torna uma fonte que conduz ao burnout.

Por isso é importante trazer à luz, partindo das vivências comunitárias, as experiências de dificuldade e de vazio interior que os presbíteros e os religiosos consagrados vivem, sobretudo quando se tem uma visão idealizada da vocação e da práxis pastoral. "Temos tantos documentos escritos, fazemos tantos capítulos provinciais, mas depois ninguém se dá conta do problema que vive o irmão, que vive na mesma casa, que come na mesma mesa", dizia um religioso consagrado. Quando falta o sentido relacional que unifica as pessoas em torno de um ideal comum, o risco da solidão e do sentimento de abandono começa a surgir na alma dos presbíteros e dos religiosos consagrados, reforçando a tendência a desenvolver comportamentos contraditórios com a vocação escolhida.

Nos contextos eclesiais se torna fundamental que os fatores que fundamentam o espírito religioso ou presbiteral sejam integrados aos fatores socioafetivos. Tal integração alimenta e sustenta uma rede intersubjetiva de valores comuns, evitando que surjam dificuldades psicológicas que enfraquecem o espírito autêntico da caridade pastoral, reduzindo o trabalho a um estilo de vida ambíguo e pouco evangélico.

3 O perfil dos presbíteros e religiosos consagrados mais suscetíveis ao burnout

De tudo quanto foi dito até agora, parece claro que os presbíteros e os religiosos consagrados podem se envolver em um determinado tipo de práxis pastoral, que pode conduzir ao cansaço e ao exaurimento do seu zelo e das suas motivações vocacionais. O burnout no contexto eclesial não é um acidente de percurso ou um problema psicológico que se desenvolve somente pelo acúmulo de condições ligadas a fatores estressantes, sejam eles individuais ou ambientais. No diagnóstico da síndrome de burnout não podemos considerar somente o excesso de trabalho, as características de personalidade, as poucas motivações espirituais, os pensamentos negativos, baixa autoestima etc. Não podemos mais considerar as dificuldades que os presbíteros e os religiosos consagrados vivem, nos refugiando em justificações tranquilizadoras, tais como: "deixa pra lá, isso passa!", "dorme um pouco, descanse, amanhã tudo será diferente", "vamos em frente, se faz aquilo que se pode".

Precisamos, ao invés disso, de uma consciente vigilância sobre todos os diversos aspectos que, somados em um contexto relacional, compõem uma complexa e multiforme ação pastoral que pode conduzir ao burnout. Com isso queremos dizer que o burnout não se caracteriza somente por um fator, mas por uma soma de condições, individuais e socioambientais, que conduzem a um envolvimento pastoral particularmente problemático. Em outras palavras, o burnout não diz respeito somente a um *fazer*, mas atinge o *ser*; isto é, a própria existência vivida como uma vocação.

A vocação e a existência precisam ser cultivadas para não se tornarem um terreno árido. A qualidade da práxis pastoral vai depender da qualidade da vida e da vocação. Essa dinâmica exige que se aprenda a prevenir as dificuldades de modo saudável, reconhecendo os próprios limites e a responsabilidade de ser chamado por Deus a uma vocação específica. Somente nessa perspectiva é que se pode "arder" de um amor autêntico pelos outros.

Ao longo deste capítulo apresentamos diversos fatores que nos ajudam a delinear as principais características do burnout na práxis pastoral dos presbíteros e dos religiosos consagrados. O objetivo é conhecer melhor e intervir preventivamente ao longo do percurso da formação permanente. Ao chegar nesse ponto, devemos enfrentar a temática do perfil dos presbíteros e dos religiosos consagrados mais suscetíveis à síndrome de burnout. Antes de mais nada, não queremos, com isso, indicar um perfil estereotipado, mas sublinhar as características sociodemográficas nas quais o burnout se manifesta com mais frequência e com maior intensidade. Isso significa dizer que cada diagnóstico deve considerar os múltiplos fatores que compõem a vida e a vivência da pessoa exaurida psicologicamente.

Baseado nas conclusões indicadas nesse e nos capítulos anteriores, os presbíteros e os religiosos consagrados nos quais a síndrome de burnout se observa com maior intensidade e frequência no contexto eclesial brasileiro são: jovens/adultos entre 30 e 40 anos de idade, com até 10 anos de profissão religiosa ou ordenação presbiteral e que trabalham mais de 60 horas por semana[31]. A tendência do presbítero ou do religioso consagrado com esse perfil é ser mais exaurido emotivamente, mais despersonalizado e menos realizado pessoalmente com o desenvolvimento da práxis pastoral. Encontramos três aspectos importantes no desenvolvimento da síndrome de burnout: 1) o aspecto intrapessoal: está relacionado aos altos níveis de exaurimento emotivo; 2) o aspecto interpessoal: está relacionado à despersonalização, característica das relações com os outros; e, enfim, 3) o aspecto motivacional: diz respeito à realização pessoal com a práxis pastoral.

Os traços do burnout na práxis pastoral dos presbíteros e dos religiosos consagrados brasileiros se inserem em um período muito específico da

---

31. SANAGIOTTO, V.; PACCIOLLA, A. Exaustos, porém, realizados! – Análise descritiva da síndrome de burnout entre os padres e religiosos brasileiros. *Op. cit.*

formação. Em outras palavras, o "perfil" dos presbíteros e dos religiosos consagrados mais propensos ao burnout são aqueles que estão nos primeiros anos de práxis pastoral, logo após a ordenação presbiteral ou os votos perpétuos, que, no percurso formativo, representam o período de transição da formação inicial para a formação permanente. Sobre esse assunto nós dedicaremos um capítulo específico.

4 Síntese conclusiva

De tudo quanto foi elencado ao longo deste capítulo, o fenômeno da síndrome de burnout entre os presbíteros e os religiosos consagrados é um constructo multifatorial e processual, que compreende uma interação progressiva entre os diversos fatores relativos ao indivíduo e ao ambiente no qual ele está inserido.

A perspectiva com a qual estamos abordando a síndrome de burnout não é estática, mas dinâmica e evolutiva, justamente porque não se limita aos efeitos patológicos da sobrecarga pastoral, nem, muito menos, ao cansaço acumulado. Trata-se de uma dinâmica circular e gradual, na qual os diversos fatores colocados em jogo agravam os aspectos motivacionais e vocacionais dos presbíteros e dos religiosos consagrados. Este aspecto, por um lado, é particularmente destrutivo porque desgasta a dimensão idealizada ligada à práxis pastoral; por outro lado, pode se tornar um motivo de renascimento e de mudança na medida em que desperta as motivações autênticas que sustentam os comportamentos ligados à práxis pastoral.

De fato, a vocação à vida religiosa consagrada ou presbiteral comporta em si mesma uma conversão contínua, "guiados pelo Espírito de amor, que sopra onde quer"[32] e que, sobretudo nos momentos de crise, impulsiona a pessoa a responder coerentemente com as inspirações mais profundas, em um caminho de constante maturidade humana e vocacional, na busca da santidade. Se consideramos a síndrome de burnout na práxis pastoral nessa perspectiva evolutiva, a dificuldade psicológica se torna uma ocasião para redescobrir a possibilidade de fazer escolhas inovativas que ajudem a

---

32. CONCÍLIO ECUMÊNICO VATICANO II. *Presbyterorum Ordinis. Op. cit.*, n. 13.

integrar os fatores individuais e institucionais em um único projeto de amor a Deus e ao próximo.

As dificuldades de uma pastoral desgastante não se resolvem trabalhando um pouco menos ou sufocando o impulso altruísta. Esse é um ponto fundamental da conversão pastoral que produz saúde mental: deve-se colocar, ao centro, o amor autêntico e gratuito que caracteriza a práxis pastoral, modelada segundo o estilo de Jesus, o Bom Pastor. O ponto de partida se mantém sempre vinculado às motivações existenciais e vocacionais do ministério presbiteral ou da consagração à vida religiosa. A diferença se encontra basicamente no núcleo central da práxis pastoral; isto é, Jesus Cristo.

O estilo de conversão pastoral diferencia a atividade pastoral do presbítero e do religioso consagrado, determinando o modo de pensar, de agir e de se relacionar com os outros e com a fraternidade presbiteral. Fortalecidos pela paixão de servir ao povo de Deus, os presbíteros e os religiosos consagrados doam tudo de si mesmo, porque estão animados pelo exemplo de Jesus Cristo. É justamente por esta configuração progressiva que, nos momentos de cansaço e de desgaste psicológico, estes são chamados a sair da obscuridade do próprio egoísmo (eu posso salvar o mundo), para redescobrir o significado unificador da sua vocação batismal.

Com esta atitude de conversão pastoral cada presbítero ou religioso consagrado é convidado a redescobrir o dom vocacional recebido e, mesmo em situações de problemas psicológicos relacionados à práxis pastoral, são convidados a encontrar um modo melhor de se envolver com os outros que precisam de ajuda. O presbítero ou o religioso consagrado, onde quer que esteja, será sempre o depositário da graça de Deus, mas isso deve ser reconhecido pelos olhos da fé.

Por isso que, nas páginas que seguem, quando falaremos da síndrome de burnout na práxis pastoral como um problema relacionado ao sentido e à forma como se vive a vocação, nos referiremos não somente à necessidade de "trabalhar menos", mas à necessidade de ser testemunha confiável do amor de Cristo, "capaz de amar a gente com um coração novo, grande e puro, com um autêntico esquecimento de si mesmo, com dedicação plena, contínua e fiel"[33].

---

33. JOÃO PAULO II. Pastores Dabo Vobis: *sobre a formação dos sacerdotes. Op. cit.*, n. 22.

O presbítero ou o religioso consagrado que vê diminuir a novidade do amor como participação à caridade de Cristo desgasta, além do seu zelo pastoral, a sua identidade como consagrado a Deus. O desorientamento é muito mais profundo do que a fragilidade de caráter, talvez de um fator contextual; falamos de uma profunda problemática relacionada à práxis pastoral, que corrói as motivações existenciais ligadas à vocação presbiteral ou à vida religiosa consagrada. Por isso, para lidar com o burnout na práxis pastoral, deverá, antes de tudo, sair da superficialidade da fé vivida de maneira egoísta, para redescobrir a única certeza que resta: de ser criatura de Deus chamada a uma missão que não lhe pertence, mas que lhe foi doada.

O burnout, que assinala o início de uma progressiva e perigosa aridez vocacional, pode se tornar uma oportunidade de conversão pastoral, de dar uma resposta congruente como o projeto de vida presbiteral ou religiosa, no serviço a Deus e aos irmãos.

IV
O burnout e os aspectos psicoafetivos na práxis pastoral

No capítulo anterior nos dedicamos a delinear os traços que caracterizam a síndrome de burnout no âmbito eclesial. Basicamente consideramos dois fatores que interagem entre si: os individuais e os institucionais. Além disso, indicamos o perfil dos presbíteros e dos religiosos consagrados no qual a síndrome de burnout é observada com mais frequência e com maior intensidade. Enfim, concluímos o capítulo anterior alertando para a necessidade de uma profunda conversão pastoral. Passemos agora a uma das temáticas centrais que nos ajuda a compreender a síndrome de burnout na práxis pastoral: os aspectos psicoafetivos.

O religioso consagrado ou o presbítero dedica toda a sua vida ao serviço do próximo por meio de um determinado envolvimento pastoral, confiado a ele pelo bispo ou pelo superior da congregação religiosa. Enquanto chamado por Deus, ele assume essa missão, tendo em vista o bem do próximo, em "um clima de constante disponibilidade para se deixar agarrar, como que 'devorar', pelas necessidades e exigências do rebanho"[1]. Nesse serviço de total dedicação, a sua tarefa é de seguir o exemplo de Jesus Cristo, o qual se doou completamente pela salvação da humanidade, para completar a vontade do Pai que o enviou para realizar a sua obra de salvação.

Com tal espírito de profunda dedicação, o presbítero ou o religioso consagrado sintetiza em sua vocação um ponto de referência que salvaguarda os valores humanos, tais como a justiça, a paz e a solidariedade. Isso o impulsiona a estar ainda mais disponível, reforçando a convicção de ser chamado a uma

---

1. JOÃO PAULO II. Pastores Dabo Vobis: *sobre a formação dos sacerdotes. Op. cit.*, n. 28

missão especial, como colaborador atento e confiável em todas as situações, principalmente porque as pessoas sabem que podem confiar nele.

A práxis pastoral de um presbítero ou de um religioso consagrado é marcada pelo aspecto psicoafetivo. Geralmente, "num contexto sociocultural e eclesial fortemente assinalado pela complexidade, desagregação e dispersão"[2], as pessoas expressam a religiosidade segundo as características e urgências de cada época. Quando alguém vai ao encontro de um presbítero ou de um religioso consagrado para pedir ajuda espiritual, moral ou material, faz isso porque precisa muito. Então, como não dedicar tempo para, por exemplo, escutar os pais que estão em dificuldade com um dos filhos que se tornou dependente químico? Como não dar uma palavra de conforto a quem recentemente recebeu o diagnóstico de uma doença grave? Estas são situações que exigem, do presbítero ou do religioso consagrado, uma resposta imediata, que não pode esperar.

Ao longo deste livro já nos perguntamos várias vezes por que abordar o assunto do estresse e do burnout entre os presbíteros e os religiosos consagrados. Certamente, não é a evangelização que, por si mesma, conduz a uma psicopatologia. Os presbíteros e os religiosos consagrados, no exercício da práxis pastoral, quando vivem em condições de sobrecarga emocional, tendem a sentirem fragilizadas as suas convicções e as suas motivações mais profundas. Se a dedicação ao próximo, vivida como uma vocação, se esvazia de significado existencial e motivacional, se desestabilizará não somente o psicofísico, mas a própria identidade vocacional.

1 Estilo relacional e coerência de vida em Cristo

Um presbítero ou um religioso consagrado que se dedica ao trabalho pastoral fez a escolha de disponibilizar-se totalmente à *sequela Christi*, que o compromete a conformar-se a Ele e ao seu amor pela humanidade. Esta escolha de vida, porém, deve ser renovada continuamente ao longo do caminho de maturidade humano-espiritual para aderir com firmeza ao amor de Deus.

---

2. *Ibid.*, n. 23.

O Papa João Paulo II escreveu na *Pastores Dabo Vobis*:

> precisamente para que o seu ministério seja humanamente mais credível e aceitável, é necessário que ele [presbítero] modele a sua personalidade humana, de modo a torná-la ponte e não obstáculo para os outros, no encontro com Jesus Cristo Redentor do homem[3].

Por isso, a transformação e a conversão pessoal, características da vocação à vida religiosa consagrada ou presbiteral, são uma tarefa que se traduz em uma contínua vigilância, para ser fiel a uma espiritualidade que seja edificante para a Igreja, nos passos de Jesus.

O fato é que tem uma condição fundamental para que a dinâmica de crescimento e de conversão pessoal seja coerente com o ideal vocacional: a capacidade de deixar-se modelar por Aquele que é exemplo de amor e de altruísmo autêntico. De fato, o presbítero ou o religioso consagrado pode enfrentar as adversidades na pastoral, pode dedicar-se com generosidade e abnegação ao próximo, pode até mesmo viver condições de estresse e de cansaço emotivo devido à exigência de um determinado trabalho pastoral, mas tudo isso terá sentido sob a condição de que ele seja dócil aos ensinamentos de Cristo[4]. Ele poderá responder pela tarefa de ser dom total para os outros, na medida em que se deixa transformar pela fonte de amor e mestre de dedicação.

Tal conversão é motivada pelo cuidado pastoral dos fiéis, porque é na dedicação ao próximo que o presbítero ou o religioso consagrado pode realizar a própria vocação[5], sendo testemunha da Palavra feita carne, "com uma ternura que reveste inclusivamente os matizes do afeto materno, capaz de assumir as 'dores de parto' até que 'Cristo seja formado' nos fiéis"[6]. Enquanto guia o rebanho que lhe foi confiado para ser conduzido à unidade com Cristo, o presbítero ou o religioso consagrado se satisfaz pessoalmente, tornando sempre mais transparente o caminho de "maturidade espiritual", característico da resposta vocacional, "servindo todo o povo de Deus e a

---

3. *Ibid.*, n. 43.
4. CONCÍLIO ECUMÊNICO VATICANO II. *Presbyterorum Ordinis. Op. cit.*, n. 12.
5. *Ibid.*, n. 6.
6. JOÃO PAULO II. Pastores Dabo Vobis: *sobre a formação dos sacerdotes. Op. cit.*, n. 22.

porção que lhe foi confiada, possa alcançar de maneira conveniente a perfeição d'Aquele de quem faz as vezes [...]"[7].

No mais, a motivação altruísta da práxis pastoral corresponde à identidade da vocação presbiteral ou consagrada. Trata-se de uma dedicação centralizada no modelo de amor do Cristo, que educa para viver a caridade como "necessária à 'ciência do amor', que só se aprende de 'coração a coração' com Cristo [...]"[8], e que se traduz em um modo diferente de estar junto e de amar o próximo ao qual se dedica.

A fidelidade a tal amor implica uma contínua transformação, com a qual cada presbítero ou religioso consagrado, junto com toda a comunidade eclesial, cuida e anima o chamado e a resposta vocacional. O burnout na práxis pastoral precisa ser enquadrado dentro da perspectiva do "amor ao próximo" e, por isso, a necessidade de formar a capacidade de amar do presbítero ou do religioso consagrado. Isso significa que é indispensável considerar seriamente o percurso de crescimento permanente, entendido como um método de vida que acompanha o presbítero ou o religioso consagrado no caminho de docilidade à voz do Espírito, para aprender com a caridade de Cristo a arte da dedicação pastoral.

Se falta a docilidade que fundamenta o chamado vocacional, o presbítero ou o religioso consagrado se arrisca a correr atrás das urgências, mas em vão, consumindo a si mesmo e as próprias energias, até o ponto de sentir-se vazio interiormente. É esse mal-estar que, às vezes, se instala na história de vida de tantos presbíteros e religiosos consagrados, preocupados em "salvar o mundo" em detrimento de si mesmo.

1.1 Os riscos de uma vida consumida pelos outros

Diante do desejo de doar-se pelo próximo o presbítero ou o religioso consagrado pode sentir-se como se estivesse preso em uma encruzilhada: por um lado, tem a missão pastoral que o empenha na tarefa de dedicar-se

---

7. CONCÍLIO ECUMÊNICO VATICANO II. *Presbyterorum Ordinis*. *Op. cit.*, n. 12.

8. BENTO XVI. *Abertura do Ano Sacerdotal no 150° aniversário da morte de São João Maria Vianney*. Vaticano. Disponível em: https://www.vatican.va/content/benedict-xvi/pt/homilies/2009/documents/hf_ben-xvi_hom_20090619_anno-sac.html

aos outros de maneira radical; por outro lado, tem um sutil cansaço emocional que, às vezes, parece consumir não somente as energias físicas, mas, também, o ideal da sua vocação, a ponto de que, em condições de particular pressão psicológica, pode sentir-se confuso na sua identidade presbiteral ou consagrada. A sacralidade da práxis pastoral não o subtrai desta dinâmica disfuncional, nem muito menos a inabilidade psicológica pode obscurecer a segurança psíquica e a sua autoestima.

No *Decreto Conciliar* Presbyterorum Ordinis, lemos:

> também os presbíteros, implicados e dispersos por muitíssimas obrigações do seu ministério, podem perguntar, não sem ansiedade, como lhes será possível reduzir à unidade a sua vida interior com a sua ação exterior. Esta unidade de vida não pode ser construída com a mera ordenação externa do seu ministério nem apenas com a prática dos exercícios de piedade, por mais que isto concorra para ela[9].

Desorientados das tantas emergências de uma pastoral que exige sempre mais e melhor, a fadiga emocional indica que não se pode responder a tudo e a todos, sobretudo quando os presbíteros e os religiosos consagrados não conseguem estabelecer um saudável limite diante de uma pastoral das muitas coisas para se fazer. O cansaço não é somente físico ou relacional, não diz respeito somente à sobrecarga de trabalho, à quantidade de horas dormidas, às tantas pessoas que precisa encontrar, enfim, a soma dos momentos em que não consegue seguir um ritmo de oração. A fadiga dos presbíteros e dos religiosos consagrados na práxis pastoral é de um outro tipo: diz respeito à existência. Tal quadro compreensivo sobre a síndrome de burnout tende a ser mais dramático quando, no percurso vocacional, identificamos o atrofiamento da própria vocação, repercutindo sobre as diversas inconsistências psíquicas do sujeito.

Imersos na atividade pastoral, o presbítero ou o religioso consagrado parece debater-se entre duas realidades: por um lado, a lógica de uma dedicação centralizada no modelo evangélico; por outro lado, o exercício de uma práxis pastoral que o coloca em confronto com tal modelo de dedicação,

---

9. CONCÍLIO ECUMÊNICO VATICANO II. *Presbyterorum Ordinis. Op. cit.*, n. 14.

principalmente quando surgem comportamentos discrepantes com os ideais professados. O confronto dessas duas realidades conduz os presbíteros ou os religiosos consagrados a uma "crise", não somente porque estão cansados, mas porque não sabem mais qual é o sentido desse cansaço, perdendo de vista a docilidade ao Espírito que o motiva a ir em frente.

Quando chegamos a esse ponto, o preço que se paga por tal dedicação pastoral vai além do nível psicofísico, entrando na identidade presbiteral ou consagração religiosa, tantas vezes nas motivações existenciais e espirituais que sustentam a vocação. Certamente podemos dizer que o sujeito entra em um labirinto "neurótico" do qual não consegue sair, porque não consegue conciliar as muitas solicitações, externas ou internas, com a perda do significado vocacional, que dá sentido à sua dedicação pastoral.

Os termos utilizados para explicar esta espiral desadaptativa são muitos ("neurose pastoral", "doença do espírito", "crise espiritual ou de sentido", "risco de mediocridade" etc.), sendo que o fator unificador se encontra na dificuldade psíquica que emerge, manifestando um mal-estar que afeta a dimensão carismática e espiritual do ser presbítero ou religioso consagrado.

Os resultados comportamentais de tais condições são geralmente danosos para a missão apostólica. O presbítero ou o religioso consagrado, que entra na dinâmica da síndrome de burnout, se debate entre a superficialidade de quem se contenta com o mínimo indispensável para não enfrentar problemas e a rigidez do "pastor funcionário". No primeiro caso, trata-se do relativismo medíocre, que dissolve a resposta vocacional; no segundo caso, confia-se em uma rigidez devocional tranquilizadora, que impede a criatividade do Espírito. Se o presbítero ou o religioso consagrado não progride na sua formação permanente, poderá entrar em uma dinâmica autorreferencial. Na práxis pastoral, torna-se alguém que não transmite o amor, está em constante conflito com os outros, confia somente em uma rigidez moral e religiosa, considerando-se um cristão exemplar, ao qual os outros devem imitar, e, se não o fazem, os conflitos emergem.

Mesmo com todo o zelo pastoral, até mesmo com uma prática religiosa considerada exemplar, em situações de conflitos, esses presbíteros e religiosos consagrados tendem a agarrar-se ao seu zelo, sem irradiar o amor e a bondade de Cristo. Em outras palavras, a síndrome de burnout poderá colocar em movimento toda uma estrutura psíquica que fará emergir a imaturidade. Em sentido mais amplo, não são pessoas que agem para prejudicar o desenvolvimento da práxis pastoral, mas, devido à estrutura de personalidade e a pressão vinda do ambiente de pastoral, perdem o horizonte de si mesmos e daquilo que fazem.

1.2 A imaturidade na vida religiosa consagrada e presbiteral

Na práxis pastoral, os presbíteros e os religiosos consagrados vivem situações que requerem uma contínua adaptação e uma capacidade de renovamento interior; somente desse modo conseguirão levar em frente as diversas atividades pastorais com coerência e com um sentido de unidade interior.

Ao longo deste livro, mesmo que estejamos insistindo na centralidade das motivações espirituais, o burnout a que nos referimos diz respeito a uma crise de credibilidade e de coerência que "estremece" o modo de ser e de viver dos presbíteros e dos religiosos consagrados, sobretudo quando assume um estilo de vida que é contraditório com as características proféticas da vocação apostólica. Além disso, o confronto com um mundo que relativiza os valores e os ideais cristãos coloca ainda mais em evidência a fragilidade interna que vivem os presbíteros e os religiosos consagrados. O perigo que está por trás de tal dinâmica é a degradação da riqueza da proposta evangélica em detrimento de compromissos fáceis que seguem a "moda" do momento, procurando responder às expectativas dos fiéis que procuram uma pastoral feita sob medida para o próprio uso e consumo.

A falta de clareza carismática é uma parte essencial do processo de esvaziamento emocional e existencial que caracteriza o burnout na práxis pastoral. Quando o presbítero ou o religioso consagrado perde de vista o motivo da sua dedicação, então perceberá que a sua fé esmorece, tendo a sensação de frustração vocacional. A sua vocação se torna uma crise de sentido, de objetivo, de conexão, de falência vocacional e, como tal, deve ser analisada e tratada[10].

---

10. RONZONI, G. *Ardere, non bruciarsi – Studio sul burnout tra il clero diocesano. Op. cit.*

As consequências desse tipo de "burnout espiritual" (entendido como a perda da clareza carismática da vocação) são desastrosas, porque o abismo entre aquilo que se diz e aquilo que se vive na pastoral conduz a um estilo de vida pouco relevante. A consequência é a normalização dos aspectos desviantes do próprio modo de se relacionar, até mesmo da forma como se vive a afetividade. Quando o presbítero ou o religioso consagrado se distancia do específico da mensagem profética que caracteriza a escolha vocacional, deixa espaço para que cresçam os pequenos episódios disfuncionais, que são expressões de um mal-estar de fundo, que os distancia da práxis pastoral, a exemplo do amor de Cristo.

2 "Exerces a cura de almas? Não descures então o cuidado de ti próprio"

É possível falar de problemas psíquicos na vida religiosa consagrada e presbiteral? Em tempos atuais, nos quais sentimos a necessidade de recuperar o sentido carismático da ordenação presbiteral e da consagração à vida religiosa consagrada, diríamos que é quase uma obrigação. Para viver dignamente tal vocação o presbítero ou o religioso consagrado precisa cuidar do dom recebido, procurando se posicionar claramente diante dos episódios de imaturidade, sendo fiel a um chamado vocacional que não é feito somente de boas intenções ou de um código de prescrição moral, mas é uma resposta livre e responsável ao projeto de Deus.

Cuidar e vigiar a história vocacional significa ser grato Àquele que chama a estabelecer uma relação de amor pastoral, acolhendo as tantas oportunidades de crescimento humano e espiritual. Mas significa também aprender a olhar as próprias dificuldades pastorais com a ótica do crescimento e da maturidade, vivendo com seriedade a história vocacional, para assumir a responsabilidade das próprias escolhas de vida, livres das falsas ilusões e coerentes com o projeto vocacional. Isso comporta saber discernir e acolher os valores positivos presentes na história de vida para facilitar o desenvolvimento e o crescimento humano e espiritual.

2.1 O risco da imaturidade psicoafetiva

É possível que aqueles que acolheram o convite do Senhor para viver um amor perfeito, a exemplo de Cristo, se sintam esvaziados afetivamente? Poderia o *status* religioso dispensar de tal risco, deixando o lugar para justificações idealizadas e pseudoteológicas, que servem para confirmar um pouco de tudo, mas afasta da radicalidade evangélica?

Quando nos propomos estes interrogativos não nos referimos somente às situações encontradas cotidianamente nos ambientes eclesiais, mas, principalmente, aos muitos estudos realizados sobre a afetividade dos presbíteros e dos religiosos consagrados na práxis pastoral. Desde muito tempo, as pesquisas sublinham as consequências negativas de certas disfunções afetivas ao interno da estrutura de personalidade daqueles que acolhem o chamado de Deus. Já nos anos de 1970, Luigi Rulla constatou a existência de relevantes dificuldades psicológicas e motivacionais entre aqueles que buscavam a vida religiosa consagrada e presbiteral. Em particular ele descobriu que muitos destes persistiam com aquilo que ele chamou de "inconsistências psíquicas centrais"; estas se manifestavam em uma incongruência entre os valores proclamados e as motivações inconscientes, sobretudo no que diz respeito a algumas variáveis da personalidade, das quais citamos: o desejo de dominação, a desesperança em si mesmos, a necessidade de justificar-se, a agressividade[11].

Alguns estudos clínicos mais recentes sublinham que alguns distúrbios, tais como a depressão, a ânsia e o burnout, são mais acentuados entre os presbíteros e os religiosos consagrados, em comparação aos leigos, por exemplo[12]. Pesquisas indicaram ainda que alguns traços prevalentes de personalidade não correspondiam ao que se esperava daqueles que têm como tarefa guiar amoravelmente as pessoas que são confiadas aos seus cuidados pastorais[13].

---

11. RULLA, L.; IMODA, F.; RIDICK, J. *Struttura psicologica e vocazione: motivazioni di entrata e di abbandono*. Turim: Mariette, 1977.

12. KNOX, S. *et al.* Depression and contributors to vocational satisfaction in roman catholic secular clergy. *Pastoral Psychology*, v. 54, n. 2, p. 139-155, 2005. • KNOX, S.; VIRGINIA, S.; SMITH, J. Pilot study of psychopathology among roman catholic secular clergy. *Pastoral Psychology*, v. 55, n. 3, p. 297-306, 2007.

13. FRANCIS, L. The personality characteristics of Anglican ordinands: feminine men and masculine women? *Personality and Individual Differences*, v. 12, n. 11, p. 1.133-1.140, 1991.

Essas distorções afetivas, com raízes profundas nas características de personalidade, se refletem no modo como o presbítero ou o religioso consagrado vive as suas relações, principalmente quando não consegue estabelecer confins claros, vivendo relações confusas, podendo chegar àquilo que chamamos psicopatologias afetivas. Às vezes as condições disfuncionais parecem surpreender o presbítero ou o religioso consagrado; outras vezes, as mais prováveis de acontecer, existe uma "normalização" das relações disfuncionais, que, com o tempo, se tornam emotivamente desgastantes.

O certo é que algumas situações relacionais podem facilmente se degenerar, tornando-se em verdadeiros problemas relacionados ao estresse afetivo, influenciando não somente a capacidade de estar com os outros, mas o significado do próprio envolvimento pastoral. Para defender-se da ânsia de determinadas vivências emotivas, o indivíduo pode se refugiar em comportamentos típicos do burnout, tais como: a evitação das emoções, o negativismo, a insatisfação contínua, a dependência afetiva, a depressão; são todas as soluções defensivas que servem para justificar, para normalizar o sentido do vazio interior, na ilusão de poder corresponder ao ideal que gostaria de preservar, mesmo pagando um preço muito alto. Quando esses comportamentos disfuncionais são associados a outros distúrbios psíquicos, o religioso consagrado ou o presbítero poderá reagir com base nas problemáticas ainda mais profundas, que repercutirão sobre a própria escolha de vida e na identidade presbiteral ou consagrada.

Mesmo quando diante de quadros vivenciais, tais como estamos elencando neste tópico, o religioso consagrado ou o presbítero continuará a sentir-se vinculado a uma vocação idealizada, em nome da qual continua, com fadiga, a doar-se ao máximo. Ao mesmo tempo, é constrito a prestar contas com a realidade humana (psicológica, afetiva, relacional), que incide sobre seus comportamentos, mantendo-o longe do ideal religioso professado.

2.2 O risco de normalizar comportamentos disfuncionais

Muitas vezes, o processo de normalização dos problemas emocionais aparece de modo camuflado. São episódios que não se manifestam claramente, mas veem ocultos nas diversas situações pastorais que se tornam habituais, assumindo uma função de normalidade. Em tais condições, o presbítero ou o religioso consagrado se adapta à dinâmica disfuncional, arriscando-se a sobrecarregar as relações interpessoais com situações emotivas disfuncionais. Entre os tantos exemplos, citamos aqueles que são mais comuns em nossos ambientes eclesiais: a "explosão" de raiva durante uma reunião do conselho pastoral no qual os membros contradizem as propostas apresentadas pelo presbítero; as respostas agressivas àqueles que pedem ajuda; conduzir uma vida desordenada; o envolvimento em conflitos intermináveis com os outros presbíteros ou religiosos consagrados etc.

São situações que geralmente criam um mal-estar, das quais o pensamento mais comum é: "não tem nada de mal, essas coisas podem acontecer"! De fato, aparentemente não são eventos psicologicamente desestabilizantes, mas podem incidir sobre o sentido de coerência interior, sobretudo se é associado a um quadro de personalidade instável ou imatura. Em muitas situações, o presbítero ou o religioso consagrado dará razão para aquilo que está vivendo somente quando se torna um estilo pervasivo.

Durante um encontro formativo com uma congregação religiosa no qual abordamos o estresse na práxis pastoral, um religioso presbítero, que trabalhou por muitos anos em uma frente missionária, partilhou que ele não tinha tempo para pensar nessas coisas, não sabia como cuidar de si mesmo, em ter algum tempo livre, em uma alimentação saudável, as tantas noites que não conseguia dormir. Na sua vida tinha se preocupado somente em fazer o bem aos outros. De tanto correr atrás do seu altruísmo, esquecendo de si mesmo, nos últimos anos começou a não se sentir bem fisicamente. Recentemente, depois de sofrer um infarto, tendo feito vários exames clínicos, descobriu uma série de problemas que o levou a ter uma vida limitada. Era o sinal fisiológico de um estresse que estava fugindo do controle, ao qual se acrescentava o cansaço emotivo e motivacional: muitas vezes se sentia desencorajado, incompreendido, sozinho.

Mas esse religioso presbítero tinha se tornado uma referência pastoral para a congregação religiosa e, como consequência, não conseguia mais diminuir o seu ritmo. Todas as vezes que tentava tirar um tempo para si mesmo parecia que lhe estava faltando alguma coisa e, logo depois, volta-va a envolver-se plenamente com a missão. Voltava a seu ritmo "normal" entre as mil atividades para fazer, sempre com a dúvida de que não estava fazendo o suficiente, inserido em um ambiente pastoral que solicitava dele fazer sempre mais.

Quando um estilo de dedicação disfuncional se torna "normal" no contexto de uma diocese, congregação religiosa ou comunidade, torna-se muito difícil perceber uma vivência pastoral (as relações pastorais e com os fiéis) que poderia indicar que, ao interno de um contexto, se manifesta uma imaturidade afetiva mascarada, sobretudo se vem acompanhada dos aspectos disfuncionais da personalidade. Geralmente, os presbíteros e os religiosos consagrados que vivem tais dinâmicas podem demonstrar-se muito competentes no trabalho pastoral que fazem, mas, no fundo, são pessoas insatisfeitas. Na práxis pastoral eles encontram respeito e segurança, mas com grandes esforços para merecê-la. Nesses casos, o pouco cuidado consigo mesmo se soma ao pouco cuidado com o próprio estilo de vida. Portanto, não é somente um problema da sobrecarga de trabalho pastoral; é, sobretudo, uma questão de escassa qualidade de vida humana.

Por isso, quando a pessoa não consegue mais, quando tem muito trabalho para fazer mesmo sentindo-se insatisfeita interiormente, não basta continuar a doar-se pelos outros, se interiormente não resta nada para oferecer. A solução para tais situações não passa somente por ajustar o comportamento de maneira adaptativa. Com o tempo, surgem novas incertezas que corroem as motivações, fazendo perder de vista a qualidade da identidade humana e espiritual.

E o que podemos fazer? Não existe uma receita pronta. Reproduzimos o que São Carlos Borromeu pronunciou aos presbíteros:

> Exerces a cura de almas? Não descures então o cuidado de ti próprio, para não te dares tão desinteressadamente aos demais que nada reserves para ti. Sem dúvida, é necessário que te lembres das almas que diriges, mas desde que não esqueças de ti[14].

3 Vivências disfuncionais no contexto das relações pastorais

O contexto relacional, como vimos nos capítulos anteriores, tem um papel fundamental para o desenvolvimento da síndrome de burnout. Se o

---

14. JOÃO PAULO II. Pastores Dabo Vobis: *sobre a formação dos sacerdotes. Op. cit.*, n. 72.

presbítero ou o religioso consagrado têm uma história de vulnerabilidade psíquica, eles se habituarão a ativar mecanismos neuróticos negativos, que interferem no normal funcionamento das relações interpessoais, criando problemas para si mesmo e para os outros: a agressividade, a irritação, um sentimento de negativismo crônico; mas podem se transformar em formas graves de imaturidade afetiva, que geralmente se associam a altos níveis de estresse e de exaurimento psicológico.

As dificuldades intrapsíquicas repercutem no ambiente em que os religiosos consagrados e os presbíteros vivem, principalmente nos relacionamentos interpessoais. O comportamento não depende somente das características específicas de uma pessoa, mas, sobretudo, do contexto relacional. O fato de que alguém fale de si mesmo de modo extrovertido ou introvertido depende muito da pessoa com a qual se está relacionando, até mesmo da forma como percebe os outros. Pode haver, portanto, estímulos socioambientais que condicionam os comportamentos dos indivíduos, tornando-se motivo de problemas para todos.

Às vezes se trata de situações relacionais aparentemente inofensivas: incompreensões, ciúmes, sentido de competição, que, porém, acentuam algumas rígidas convicções que o sujeito interiorizou ao longo da sua história de vida. Tais elementos influenciam alguns comportamentos: a sensação de perseguição ("todos estão contra mim"), sensação de culpa amplamente difundida ("eu sou a causa de todos os problemas"), o fechamento sobre si mesmo ("é melhor não falar dos meus problemas com ninguém"), o negativismo ("nesta dioccse/congregação religiosa nada funciona").

Em alguns casos podem surgir fatores que dizem respeito à organização do grupo ou da instituição; por exemplo, a falta de programação comum, a incompatibilidade entre as etapas de formação, o conflito intercultural, as transferências sem motivos justificáveis, o conflito de função, a falta de comunicação interna etc. Todos esses fatores, se enfatizados ou persistentes, podem incidir negativamente sobre a estrutura de personalidade do sujeito, até mesmo sobre seu sistema de adaptação, tornando-se altamente estressante.

Numerosos estudos confirmam que os presbíteros e os religiosos consagrados são particularmente sensíveis ao influxo dos fatores situacionais, porque podem refletir negativamente não somente no bem-estar psíquico, mas, também, sobre o estilo de vida e, até mesmo, a escolha vocacional. A dedicação altruísta, que é o coração do zelo pastoral, se não é mediada por finalidades comuns que exprimam a natureza da comunhão presbiteral ou religiosa, se reduzem a uma condição de sobrecarga, a qual, nem sempre, todos conseguem administrar bem, sem pagar um preço muito alto.

Além disso, se o sujeito não é capaz de reconhecer os aspectos negativos do seu modo de relacionar-se com os outros, pode chegar a confundir as próprias necessidades afetivas com a atividade pastoral desenvolvida, gerando relações ambíguas e, tantas vezes, patológicas. De fato, nem sempre os presbíteros e os religiosos consagrados foram suficientemente preparados para o envolvimento afetivo nas relações pastorais, e, às vezes, confundem as suas dificuldades intrapsíquicas com as exigências do envolvimento pastoral.

Certa vez, um religioso consagrado que trabalhava em uma movimentada paróquia de uma grande cidade comentava:

> Quando me encontro com os meus paroquianos parece que sou naturalmente sintonizado com eles: entendo-os, aceito-os, escuto-os. Existem momentos nos quais experimento uma grande simpatia por eles, sinto vontade de abraçá-los, um a um, para dizer o quanto sou próximo a eles e às suas histórias de sofrimento. Com alguns eu até consigo, os abraço, mas depois me pergunto: Até que ponto posso manifestar a minha solidariedade desta maneira?

Se o zelo pastoral se torna motivo para saciar a si mesmo ao invés de anunciar o evangelho, o presbítero ou o religioso consagrado pode se encontrar preso em uma espiral estressante, da qual é difícil sair, confuso entre o desejo de amar as pessoas e a incapacidade de regular uma saudável distância afetiva e relacional, correndo o risco de projetar ao externo as próprias dificuldades psicológicas.

Tais fenômenos são observados com frequência entre aqueles que vivem nas comunidades religiosas, principalmente quando não conseguem satisfazer o desejo de ser amados ao interno da comunidade, mas transferem ao externo, em particular na práxis pastoral, as dificuldades intrapsíquicas e interpessoais. Com tais atitudes, esses religiosos consagrados parecem colocar entre parênteses o fato de que, no convento, estão mal; que não se sentem aceitos; que há ressentimento com os confrades; que o ambiente comunitário parece pesado[15].

A imaturidade afetiva de um membro de uma comunidade religiosa ou de uma diocese poderá se confundir com a imaturidade afetiva do grupo no qual vive e com o qual trabalha. De fato, um estilo de vida guiado por questões relacionadas ao psíquico (ansioso, inseguro, possessivo, egocêntrico...) de um membro de uma comunidade se sobrepõe e se confunde com a sensibilidade emotiva do grupo com o qual trabalha e convive, fazendo surgir atitudes de desconforto relacional explícito ou mascarado, seja na pessoa, seja nos destinatários da sua dedicação pastoral.

O que acontece é que o problema que motiva o estresse se confunde com as condições inadequadas ou de mal-estar que surgem no contexto relacional, até criar um clima ambíguo e confuso, com condições negativas para a convivência recíproca, que subentende conflitos não expressados. Paradoxalmente, para defender-se da angústia que o problema de uma determinada pessoa gera ao interno de um grupo, os outros membros ignoram as tensões, continuando com as diversas atividades, mesmo com uma certa superficialidade que deteriora o espírito carismático do serviço pastoral.

3.1 A história de uma "neurose pastoral"

No contexto da vida religiosa consagrada e presbiteral existem algumas condições relacionais estressantes que fazem parte dos problemas afetivos relativos ao modo de relacionar-se com os outros. Às vezes trata-se de uma simples "fadiga interpessoal" que, enraizada em uma estrutura de personalidade particularmente sensível, corre o risco de transformar-se em uma forma de desadaptação específica ligada à práxis pastoral.

Tomemos, como exemplo, um presbítero habituado a estar sempre disponível às diversas necessidades práticas da sua paróquia. Nada de mal em tudo isso; pelo contrário, exteriormente a sua atitude é louvável, justamente porque é isso que se espera de um bom presbítero. Se não fosse o fato de

---

15. ZATTONI, M.; GILLINI, G. Visti dai laici – Domande ai consacrati. *Vita Consacrata*, v. 41, n. 1, p. 73-77, 2005.

que, mesmo com toda a sua dedicação pastoral, quando trabalha muito, sente uma certa frustração, que se manifesta em atitudes agressivas na relação com as pessoas com quem trabalha. Comentando o comportamento dos paroquianos, este presbítero disse: "Às vezes as pessoas me sufocam com os seus constantes pedidos de ajuda, sobretudo quando pretendem que eu faça as coisas como elas querem". Depois acrescentou: "Sinto-me satisfeito quando posso contentá-las. É isso que eu geralmente faço. Infelizmente, elas não reconhecem todo esse meu esforço".

No exemplo que estamos analisando, a sensibilidade e a generosidade do presbítero para com os fiéis da paróquia se conjuga mal com a dureza que ele tem para consigo mesmo. Com o seu modo de fazer as coisas, ele tende a controlar tudo, assim como faz consigo mesmo, quando almeja a perfeição, manifestando-se sempre como uma pessoa sem defeitos, na esperança de ser finalmente apreciado e compreendido. Algumas vezes seu comportamento não é ortodoxo, quando, por exemplo, se irrita, quando cria preferência entre os colaboradores da paróquia etc.

Com o passar do tempo, são os outros que se sentem sufocados pelo seu estilo obsessivo e perfeccionista. O desdobramento de tal história se traduz em consequentes tensões veladas que, progressivamente, se transformam em conflitos interpessoais, onde, com frequência, acontecem acusações recíprocas e irrelevantes. Os paroquianos geralmente comentam: "É uma pessoa difícil, precisamos aprender a conviver com ele!"; o presbítero, do seu lugar, responde: "Vocês são ingratos!" O mais interessante é que exteriormente parece que tudo funciona muito bem, porque continuam a colaborar uns com os outros, apoiando-se reciprocamente, porém, com mensagens de sutil hostilidade com as quais se mantêm distantes para evitar incompreensões e tensões posteriores. Exteriormente, parece que todos fazem o seu dever, levando em frente as diversas atividades de maneira organizada, mantendo um bom nível de interesse pelas coisas que precisam ser feitas. Mas as relações restam ambíguas e não confiáveis, para não se enfrentarem diretamente. Desse modo, mesmo trabalhando juntos, as relações parecem banalizadas e se tornaram encontros de rotina, dos quais a afetividade foi removida.

3.2 A empatia nas relações pastorais

Recordamos que, quando as pessoas se relacionam considerando somente o aspecto normativo e estrutural, é muito difícil que elas se abram a novos significados relacionais. De fato, quando é privilegiado o componente regulador das relações, quando se limita somente à obrigação das coisas que precisam ser feitas, às superficiais boas maneiras de comportamento, a dimensão socioafetiva é deixada em segundo plano. Se, em determinado contexto, existe uma incongruência entre as relações afetivas recíprocas e os objetivos comuns, abre-se espaço para o medo individual e a ânsia coletiva, principalmente se existe incoerência entre a fé professada e o estilo de vida.

Portanto, mesmo continuando com as atividades pastorais, os presbíteros e os religiosos consagrados envolvidos em dinâmicas relacionais superficiais deverão "renunciar" aos relacionamentos autênticos, afetando o significado existencial do testemunho evangélico. Na vida religiosa consagrada ou presbiteral isso pode se traduzir em um estilo de dedicação estéril, que serve para "normalizar" as relações, onde se preocupa mais com aquilo que ajuda a desviar as tensões emotivas na práxis pastoral. Nestes estilos relacionais, nos momentos em que as relações afetivas se tornam embaraçantes, a solução mais viável passa a ser o refúgio nas dimensões reguladoras, tranquilizadoras e suficientemente tolerantes.

Um vigário paroquial, muito envolvido com as pastorais da paróquia, nos recontava:

> Não me culpo de nada daquilo que faço com os fiéis da nossa paróquia. Eles vêm até mim para falar, eu os escuto. Às vezes as suas histórias são tão dramáticas, que gostaria de manifestar todo o meu afeto e simpatia. Mas, no passado, tive momentos que me deixei envolver, às vezes de maneira exagerada, a ponto de me sentir participante das situações problemáticas que as pessoas me contavam, de tal forma que os seus problemas se tornavam os meus problemas. Agora, não me deixo conduzir por essa situação como antes, porque, quando as pessoas começam a falar dos seus problemas, peço-lhes para irem logo ao ponto principal. Eles precisam se habituar a falar das coisas que são essenciais.

Tais vivências serão particularmente estressantes porque, limitando-se aos aspectos funcionais e organizativos do trabalho pastoral, os presbíteros e os religiosos consagrados continuarão a dedicar-se aos outros através de uma pastoral básica, a comportamentos ambíguos e equivocados que não são resolvidos, mas considerados como um "acidente de percurso". De certo modo, os comportamentos, como indicamos nas páginas deste livro, podem ser evitados. Mas também podem ser justificados em um modo de envolvimento pastoral superficial ("Eu sou desse modo mesmo, existem outros que são piores..."), criando um clima que pode transformar-se em um estado de mal-estar geral (apatia, perda de sentido, tédio), bloqueando cada tentativa de mudança efetiva. Diante desse quadro relacional, reforça-se um clima de anonimato e de indiferença, que contribui para desgastar as relações e desresponsabilizar o papel dos indivíduos em criar condições como as que estamos descrevendo.

No mais, a sensação de apatia e estagnação esvazia a práxis pastoral da sua força carismática, desgastando interiormente os presbíteros e os religiosos consagrados, abrindo espaço para o desenvolvimento de graves problemáticas psíquicas. O tédio e a inércia se tornam, de fato, formas sutis de um mal-estar, aparentemente banal, mas igualmente destrutivo, que aprofunda as suas raízes em um clima de anonimato e de indiferença, que tende a desumanizar as pessoas ao interno de um grupo, reduzindo o sentido de responsabilidade, criando os pressupostos fundamentais para desenvolver relações disfuncionais, tantas vezes patológicas.

4 Algumas considerações sobre o estresse afetivo

Os fatores inerentes às características individuais (traços de personalidade, dificuldades pessoais...) e os fatores situacionais (o ambiente relacional e o contexto estrutural das atividades pastorais, o clima de fraternidade na congregação religiosa ou na diocese...) incidem significativamente nas diversas circunstâncias críticas que surgem na práxis pastoral, assim como também no modo como se administram as dificuldades relativas ao burnout pastoral.

A esse ponto do nosso livro, podemos dizer que as pessoas reagem de maneiras diferentes às situações estressantes. Por isso é importante entender quais são as características de personalidade que tornam os presbíteros e os religiosos consagrados mais vulneráveis à síndrome de burnout, como indicamos no segundo capítulo deste livro. É, porém, da mesma forma importante entender quais são as situações que expõem, com maior frequência, os religiosos consagrados e os presbíteros à situação de risco. Por isso é fundamental enfrentar a problemática do burnout, considerando não somente os aspectos pessoais, mas também os aspectos eclesiais, que podem conduzir a um envolvimento pastoral disfuncional.

4.1 A encruzilhada do burnout: entre o mal-estar individual e o comunitário

O contexto relacional, como vimos nas páginas anteriores, é profundamente afetado pelas experiências particulares que vivem os religiosos consagrados e os presbíteros, principalmente nas situações que são difíceis e estressantes. Tais vivências se desenvolvem em uma dinâmica interpessoal inconsciente, que trazem à tona um pouco de tudo: desesperança, insegurança, prejuízo relacional etc. Para proteger-se de um determinado clima relacional "tóxico", o grupo de pertencimento (congregação religiosa ou diocese) tende a privilegiar os aspectos estruturais e reguladores, com o objetivo de repreender o controle sobre os eventos desviantes, mas também para lidar com as angústias dos membros que se dão conta de não serem coerentes com os ideais evangélicos professados.

Em sentido amplo, a pastoral continuará a funcionar segundo as regras institucionais, levando em frente o trabalho apostólico desenvolvido ao interno de uma determinada congregação religiosa ou diocese. Mas se os comportamentos disfuncionais se contradizem com a identidade e a missão da instituição, então o grupo tenderá a reprimir tal sensação, fingindo que tal problema não existe. No máximo, falam sobre isso dentro de certos limites, tentando preservar uma certa "visão carismática comum" que define a identidade de todos ao interno da diocese ou da congregação religiosa.

Para salvar a "visão carismática comum", os membros de uma determinada instituição que vivem tais comportamentos disfuncionais tenderão a dissimular as situações difíceis e estressantes ao interno do grupo, ao mesmo tempo em que vivem a complexidade da práxis pastoral. Desse modo, os presbíteros e os religiosos consagrados administram os episódios problemáticos institucionais (de cansaço, de incompreensão, de conflitos), mas também problemas que dizem respeito à própria estrutura de personalidade, tais como a imaturidade afetiva, o perfeccionismo obsessivo, a religiosidade ritualista, a dissociação da visão de conjunto da missão apostólica. Tudo isso, muitas vezes, vem sob o véu de que tais situações são simplesmente um "acidente de percurso", no qual se desenvolve a ideia de que tais problemáticas não devem dar fastio a ninguém, com objetivo de estabelecer um clima de tolerância comum.

Infelizmente, em contextos eclesiais nos quais as relações seguem a lógica que estamos descrevendo, o presbítero ou o religioso consagrado tende transmitir tais problemas para a práxis pastoral, arriscando-se a desacreditar o espírito profético que gostaria de preservar. A "normalização do desvio" traz prejuízos para a clareza da vivência radical, seja pastoral ou vocacional. Em tais dinâmicas relacionais se confirma ao *modus vivendi* contraditório o objetivo primeiro do evangelho, se justifica um ambiente que prejudica não somente a missão da Igreja, mas também a vivência do ministério presbiteral ou da consagração religiosa.

Na *Exortação Apostólica* Pastores Dabo Vobis, ao abordar a temática do serviço da Igreja no mundo, se salienta:

> hoje, de uma forma particular, a prioritária tarefa pastoral da nova evangelização, que diz respeito a todo o Povo de Deus e postula um novo ardor, novos métodos e uma nova expressão para o anúncio e o testemunho do evangelho, exige sacerdotes, radical e integralmente imersos no mistério de Cristo, e capazes de realizar um novo estilo de vida pastoral[16].

Quando o envolvimento pastoral de um presbítero ou de um religioso consagrado se reduz à burocracia, com pouco envolvimento pessoal, significa que a práxis pastoral se tornou sem alma. A tendência é o envolvimento mínimo indispensável, no qual se tira a paixão por aquilo que se faz, reduzindo a um desempenho que transmite não somente um retiro das emoções, mas uma aridez existencial, que repercute, sobretudo, no significado que se dá à dedicação aos outros.

São João Maria Vianney dizia que "o grande mal para nós párocos é que a alma se deixe entibiar, fazendo com que a pessoa se sinta esvaziada e deso-

---

16. JOÃO PAULO II. Pastores Dabo Vobis: *sobre a formação dos sacerdotes*. *Op. cit.*, n. 18.

rientada"[17]. De fato, quando a práxis pastoral deixa espaço para o sentimento de "apatia existencial", os presbíteros e os religiosos consagrados tenderão a encontrar justificativas para os comportamentos, que se tornaram patologias difíceis de harmonizar com o amor do Cristo. Com o passar do tempo, tais comportamentos se tornarão altamente estressantes para os presbíteros e os religiosos consagrados, que se sentirão privados do zelo apostólico que caracteriza a escolha vocacional.

4.2 O uso de estratégias inadequadas no estresse afetivo

No plano experiencial, quando a práxis pastoral se torna uma rotina apática e estereotipada, privada da paixão carismática que caracteriza a consagração religiosa ou a identidade presbiteral, corre-se o risco de transformar-se em um reservatório de problemáticas individuais e interpessoais, que se manifestam por meio de um estilo de vida anômalo, com o qual se evita a angústia de não encontrar mais um sentido na escolha vocacional. Atitudes de tédio e de inércia subentendem uma forma de mal-estar interior, sobretudo quando a pessoa trabalha em um contexto que pressupõe envolver-se com o próximo em condições de necessidades, como é o caso da vida religiosa consagrada e presbiteral.

Diante de tais situações, seja o presbítero ou o religioso consagrado, seja a diocese ou a congregação religiosa, ativam dinâmicas de defesa que servem para manter o controle sobre o sistema socioafetivo, defesas que com o tempo se tornam verdadeiros estressores relacionais que sobrecarregam as pessoas. Na sequência, indicaremos três estratégias que consideramos inadequadas para resolver o estresse psicoafetivo.

Uma primeira defesa nós a chamamos de *negação*, a qual se entrelaça com dinâmicas interpessoais baseadas em explicações irracionais, como por exemplo: fazer de conta que não acontece nada, a criação de um ambiente no qual uns falam mal dos outros etc. Uma segunda defesa podemos chamar de *ataque* contra qualquer tipo de mudança que possa desmascarar a falência da missão carismática da instituição. São as situações nas quais se manifestam

---

17. ROSSÉ, G. *Importunate il buon Dio – Pensieri e discorsi del curato d'Ars*. Roma: Città Nuova, 2000.

conflitos interpessoais explícitos, onde as vivências das emoções negativas são frequentes e as pessoas são empenhadas em defender, cada uma, a sua parte, a própria ideia, a própria visão de pastoral. Enfim, com o *ritualismo institucional* os membros se refugiam em comportamentos que dissimulam as dificuldades: são as transferências de uma paróquia para outra, o ativismo pastoral, a busca por cargos dentro da instituição.

As três estratégias inadequadas que apresentamos para resolver o estresse psicoafetivo fazem com que os problemas dentro de uma diocese ou de uma congregação religiosa sejam anestesiados por meio de comportamentos compensatórios, que garantem uma função tranquilizadora na qual todos se sentem contentes, sem desiludir ninguém. Este modo de resolver os problemas psicoafetivos ao interno de uma instituição pode sobrecarregar emotivamente os seus membros, sobretudo aqueles que já têm algum tipo de fragilidade psicológica, sendo mais expostos ao risco da síndrome de burnout.

5 Síntese conclusiva: a formação para um estilo de vida autêntico

Quando abordamos problemáticas relacionadas ao contexto eclesial, a tendência é assumir uma posição pessimista, como profetas da desesperança. Considerando o plano prático, deparamo-nos com um percentual reduzido de presbíteros ou religiosos consagrados que foram diagnosticados com algum tipo de psicopatologia, principalmente se comparados com a ampla maioria que é entusiasta da sua vocação. O argumento que estamos desenvolvendo sobre a síndrome de burnout na práxis pastoral, como um fenômeno que pode se tornar perigoso para a identidade religiosa ou presbiteral, não serve para etiquetar um determinado grupo como "especial", mas para despertar a necessidade de uma conversão pastoral, até mesmo para repensar uma possível abertura para o sentido mais profundo da vocação. A resposta vocacional é um processo de contínua transformação, de integração com um estilo de vida que seja coerente com o dom recebido.

A maturidade da identidade presbiteral ou consagrada se dá dentro de um percurso, uma dinâmica que encontra nos momentos de crise e de dificuldade uma oportunidade para reassumir a adesão a Cristo, que não desiste de convidar os seus eleitos à mudança e à conversão. Os presbíteros e os religiosos consagrados são chamados a tomar consciência do dom recebido por Deus, a manter uma constante memória da vocação assumida. Este é o convite que Paulo fez à comunidade de Timóteo: "Guarda o bom depósito, por meio do Espírito Santo que habita em nós" (2Tm 1,14).

De maneira diversa, se pararmos somente em uma abordagem estática patologizante das dificuldades vindas da práxis pastoral, deveríamos interpretar as condições de estresse e de burnout como momentos episódicos, com um início, uma causa e uma possível conclusão. Tal conceito dissocia o burnout do mal-estar e dos problemas reais que os presbíteros e os religiosos consagrados vivem na busca de se tornarem "homens novos", chamados a experimentar dentro de si os mesmos sentimentos de Cristo[18].

Para clarificar o que estamos tentando explicar com a teoria, remonto à partilha feita por alguns presbíteros e religiosos consagrados diagnosticados com a síndrome de burnout, que participavam de um grupo de vivência. Um pároco já ancião compartilhava: "Pode acontecer que nos envolvemos nas tantas coisas que temos para fazer. Mas, se eu não faço, quem as fará?" Um outro, identificando-se com a partilha do pároco, dizia: "Chega de entrar na filosofia de encontrar problemas em todas as coisas; com o tempo tudo volta para o seu devido lugar, em torno de uma roda de conversa entre amigos". Um terceiro contribuiu dizendo:

> Para mim as coisas não são simples assim: quando chega de noite, dou-me conta que não consigo mais, que estou cansado. Nesses momentos devo tomar um remédio para me sentir um pouco mais tranquilo e dormir. Na nossa congregação, cada vez mais sem vocações, nos tornamos velhos e doentes. Há momentos, nos quais eu me pergunto: Mas quem me obriga a estar desse modo?

Quando as dificuldades psíquicas são vistas somente como "um problema que se precisa reparar", os presbíteros e os religiosos consagrados tenderão a evitar, a reduzir a sobrecarga emocional, estabelecendo uma conduta de "normal" dedicação pastoral. Ao interno dessa dinâmica se estabelece uma margem de variação aceitável, regulada por um código de conduta interiorizado ou institucional, que define os termos de tolerância do comportamento

---

18. JOÃO PAULO II. *Exortação Apostólica pós-sinodal* Vita Consecrata. *Op. cit.*, n. 69.

transgressivo, mas sem reativar o sentido mais profundo da vocação religiosa ou presbiteral.

Se quisermos que o estilo da vida presbiteral ou consagrada seja um contínuo investimento na própria vocação e na missão, devemos abordar, de maneira clara, a saúde psíquica na formação permanente. Somente nessa perspectiva o presbítero ou o religioso consagrado poderá envolver-se em um processo de maturidade humana e vocacional. O fato é que, sem conhecer-se a si mesmo, o presbítero ou o religioso consagrado não poderá dizer que é um profundo conhecedor das fragilidades humanas, nem muito menos um conhecedor das "coisas" que são de Deus.

É fundamental para o crescimento dos presbíteros e dos religiosos consagrados que a identidade vocacional e as dificuldades encontradas no percurso da vida sejam confrontadas com o chamado feito por Jesus Cristo. A consciência de que todos temos uma história vocacional é uma urgência formativa na missão presbiteral e consagrada. A maturidade é um processo no qual cada um aprende a ser testemunha autêntica de oração e caridade, assumindo métodos que sejam eficazes, mas em um estilo de vida que corresponda à dignidade do chamado de Deus, mesmo que carreguemos esse grande tesouro em um vaso de argila (2Cor 4,7).

Para uma compreensão propositiva da vida religiosa consagrada e presbiteral não precisamos tanto de uma "acintosa relevação das fraquezas dos seus ministros, como, sobretudo, de uma renovada e consoladora consciência da grandeza do dom de Deus"[19], que leva a responder coerentemente pela própria vocação. A consciência das próprias incongruências se torna uma ocasião favorável para reorientar o caminho de crescimento e conversão, para estar inteiramente a serviço do evangelho, com um renovado estilo à imagem da dedicação ministerial a exemplo de Cristo.

---

19. BENTO XVI. *Carta de proclamação do Ano Sacerdotal por ocasião do 150° aniversário do "dies natalis" de João Maria Vianney.* Vaticano. Disponível em https://www.vatican.va/content/benedict-xvi/pt/letters/2009/documents/hf_ben-xvi_let_20090616_anno--sacerdotale.html

V
A outra face do altruísmo pastoral

A síndrome de burnout, como enfatizamos nos capítulos anteriores, se manifesta, principalmente, nas profissões que têm como característica de base o envolvimento com o outro (cliente, aluno, paroquiano etc.). A vocação à vida religiosa consagrada e presbiteral é marcadamente caracterizada pela dedicação ao próximo, vivida como um dom[1]. Sem dúvida, um dos alicerces da vocação à vida religiosa consagrada e presbiteral é o altruísmo, que recebe um certo "acento" de sacralidade, um dever cristão.

A palavra "altruísmo" é usada abundantemente no contexto da práxis pastoral. O chamado dos presbíteros e dos religiosos consagrados a guiar o povo de Deus é um convite "à perfeição da vida por força das próprias ações que desenvolvem quotidianamente, como também de todo o seu ministério"[2]. Desse modo, a missão de um presbítero ou de um religioso consagrado se desenvolve, seguindo o exemplo de Jesus Cristo: não existe missão que não seja baseada na genuinidade deste modelo de amor pastoral; é a dinâmica cristã que anima profundamente a dedicação de cada presbítero ou religioso consagrado, que foi chamado a dar uma resposta livre e responsável, estando à frente de um determinado trabalho pastoral que lhe foi confiado.

De fato, a práxis pastoral, vivenciada como um dom total de si mesmo, é qualificada pelo modo como cada presbítero ou religioso consagrado vive a relação de amor com Deus, tendo sentido quando se concretiza no amor ao próximo. A maturação deste amor com Deus e com o próximo é uma prerrogativa para uma resposta autêntica ao chamado vocacional, de tal modo

---

1. CONGREGAÇÃO PARA O CLERO. *O dom da vocação presbiteral*. São Paulo: Paulinas, 2017.

2. JOÃO PAULO II. Pastores Dabo Vobis: *sobre a formação dos sacerdotes*. *Op. cit.*, n. 24.

que "quem escolheu a virgindade, em virtude de se dedicar exclusivamente à participação no sacerdócio de Cristo, tem como diretriz o desenvolvimento no amor a Deus e ao próximo. Se não progride no amor, não responde à sua vocação"[3].

Em outros termos, se a dedicação altruísta na práxis pastoral não se fundamenta em crescer no amor a Deus e ao próximo, corre-se o risco de limitar o altruísmo a um impulso de bondade, a um traço característico da personalidade, talvez motivado pela formação recebida na diocese, ou é o carisma da congregação religiosa. O grande risco de um altruísmo sem Deus ou sem o próximo é a fragmentação e a superficialidade, com poucas raízes no evangelho.

O altruísmo pastoral, amor a Deus e ao próximo, significa aceitar o chamado vocacional e traduzi-lo em testemunho contínuo e coerente, que requer consciência e vigilância. Como estamos enfatizando ao longo deste livro, o altruísmo pastoral necessita de contínua conversão e maturação afetiva, que exige do presbítero ou do religioso consagrado a realização dos valores cultivados durante o percurso de crescimento humano e vocacional, sem regredir às formas de ambivalência e superficialidade.

Não se pode, porém, falar de altruísmo na dedicação pastoral sem fazer referência ao processo de crescimento na esfera afetiva. Do mesmo modo, não podemos pensar que a afetividade não seja um desafio para a vida religiosa consagrada e presbiteral. Às vezes nos habituamos a pensar que, pelo fato de dedicar-se ao próximo, o presbítero ou o religioso consagrado é naturalmente altruísta. Tal forma de pensar, até mesmo de comportar-se, traduz a ideia de que não seja necessário preparar-se para viver de maneira altruísta. É mais do que necessário que, durante o percurso de formação, os presbíteros e os religiosos consagrados sejam formados para viver altruisticamente a dedicação e o amor pastoral.

Portanto, não basta que o presbítero ou o religioso consagrado demonstre uma bondade revestida de altruísmo. É preciso viver o altruísmo pastoral

---

3. CONGREGAZIONE PER L'EDUCAZIONE CATTOLICA. Orientamenti educativi per la formazione al celibato sacerdotale. *Enchiridion Vaticanum*. V. 5. Vaticano: EDB, 1974, p. 188-256, n. 32.

segundo o modelo de Cristo. Ao interno da dinâmica do altruísmo pastoral é preciso que as virtudes relacionais, geralmente aceitas como qualidades sociais, estejam presentes, como parte do estilo de vida coerente com as características vocacionais, sem confusão afetiva.

De fato, o altruísmo pastoral pode comportar duas atitudes distintas: por um lado, indica um comportamento pró-social empenhado e explícito, virtuoso e gratuito, que tem como objetivo ir ao encontro do próximo com o qual há um compromisso vocacional estreitamente ligado com a vocação religiosa consagrada ou presbiteral; por outro lado, sem uma correta vigilância, a dedicação ao próximo pode transformar-se em uma afetividade ambígua e superficial, que não corresponde à práxis pastoral. Tal dinâmica comportamental pode ser fonte para o desenvolvimento do burnout, sobretudo quando as relações são marcadas por uma afetividade imatura.

No próximo tópico nos dedicaremos à temática dos significados psicológicos do altruísmo. O nosso objetivo é entender como o altruísmo pastoral, ao invés de ser uma doação ao próximo, se torna uma fonte de sofrimento psíquico, e, mais especificamente, abordaremos a temática da síndrome de burnout. O fato é que existe um tipo de altruísmo pastoral que pode conduzir à "infidelidade evangélica", cujas raízes sustentam uma práxis pastoral baseada no narcisismo, talvez da necessidade egocêntrica de expectativas inadequadas.

1 Significados psicológicos do altruísmo

Dedicar-se aos outros significa traduzir o cuidado pastoral em comportamentos concretos, afetivamente integrados e evangelicamente significativos. Cada ação altruísta, feita segundo o espírito do evangelho, é potencialmente oblativa; isto é, representa a capacidade de doar-se segundo um amor altruísta. Quando esta capacidade se realiza na medida adequada, o presbítero ou o religioso consagrado se torna capaz de estabelecer relações interpessoais espontâneas, em administrar as próprias emoções, priorizando, desse modo, a evangelização, que caracteriza a vocação do presbítero ou do religioso consagrado.

Mas, do ponto de vista psicológico, por que somos propensos ao altruísmo? Podemos falar em um altruísmo puro? Por que, em alguns contextos, o altruísmo se torna ocasião de estresse para os presbíteros e os religiosos consagrados? Buscaremos responder a estas questões partindo de alguns aspectos interpessoais, que são particularmente importantes para compreender o exaurimento emocional e existencial dos presbíteros e dos religiosos consagrados.

1.1 O altruísmo colaborativo

As exigências de um mundo que muda cada vez mais rápido incidem significativamente na práxis pastoral. É no contexto sociorreligioso, no qual o presbítero ou o religioso consagrado está inserido, que surgem as relações disfuncionais com a pastoral, entre as quais citamos o ativismo. Tal tipo de envolvimento pastoral faz com que o presbítero ou o religioso consagrado tenha muitas atividades para desenvolver ao longo do dia, principalmente na busca por tornar visível o amor de Deus. A dedicação pastoral se caracteriza pela interação relacional nos diversos contextos eclesiais, formando um complexo sistema organizativo no qual cada um participa com o seu modo de ser. Sob a base do envolvimento de cada um se cria uma certa estabilidade que conduz as pessoas em interação a se dedicarem a algum tipo de atividade que as une. No contexto eclesial, essa base comum unificadora das ações é chamada missão evangelizadora.

A característica do altruísmo colaborativo nós definimos como um altruísmo sem um outro que centraliza as ações, justamente porque não é direcionado a uma pessoa especificamente, mas faz referência a um contexto comum que forma um "nós": a comunidade paroquial, os fiéis, o colégio etc. São lugares-comuns, nos quais se mantém uma ligação de pertencimento, que é fundamental para todos, na qual o vínculo não é possível romper. Sair desse vínculo afetivo, mesmo que de maneira ilusória, significaria um exílio. De certo modo, equivaleria a "deixar de viver".

No contexto da práxis pastoral, podemos dizer que tal altruísmo se refere à necessidade de estabelecer um vínculo, com o qual o presbítero ou o religioso consagrado se sente acolhido ao interno de um sistema de valores, pelo qual orienta as suas escolhas. A *Exortação Apostólica* Pastores Dabo

Vobis, ao comentar o serviço da Igreja no mundo, ressalta que "o ministério ordenado tem uma radical 'forma comunitária' e pode apenas ser assumido como 'obra coletiva'"[4]. Por isso não é possível exercer a práxis pastoral sem desenvolver o sentido de pertencimento eclesial.

Neste nível de vínculo altruísta se fundamenta a dedicação e o amor ao próximo, sendo difícil distinguir aquilo que faz pelo próximo daquilo que faz por amor ao próximo. É como o exemplo dos pais que se doam plenamente aos seus filhos; não fazem porque pensam no tempo dedicado ou no quanto custa tal cuidado, fazem porque simplesmente os amam. Da mesma forma, o presbítero ou o religioso consagrado que se dedica ao próximo sem medir esforços, consciente de que tal envolvimento faz parte da função que exerce, mas, sobretudo, de que é a expressão da afeição de Cristo e da Igreja; portanto, característica da identidade presbiteral ou da consagração religiosa.

1.2 O altruísmo de confiança

Junto com o altruísmo colaborativo, que faz com que as pessoas tenham um senso comum de pertencimento ao grupo-família, precisa ter presente um outro aspecto que distingue a dedicação recíproca, desta vez de um modo diverso, que diz respeito à afetividade e à confiança recíproca. Nós podemos falar de altruísmo de confiança quando as pessoas se relacionam entre si, de tal modo que se consente uma identificação emocional, principalmente nas afeições que identificam o grupo-família. Usemos como exemplo um presbítero que leva a Eucaristia a um idoso, o qual, no final da visita, agradece o dedicado presbítero pelo seu trabalho e pela sua vocação. A dedicação desse presbítero na práxis pastoral estabelece um vínculo que é reconhecido pelo outro. É através desse vínculo que se compartilham diversos aspectos que dizem respeito à práxis pastoral: aspectos positivos, problemas relacionados à vivência de fé etc.

Se as pessoas em interação se envolvem de modo positivo, a "confiança recíproca", que se estabelece entre elas, pode ser acompanhada por uma vivência emotiva empática. Desse modo se reforçam as relações que, por sua vez, se orientam para uma finalidade comum a partir dos componentes

---

4. JOÃO PAULO II. Pastores Dabo Vobis: *sobre a formação dos sacerdotes*. *Op. cit.*, n. 17.

afetivos presentes na relação. Quando chegamos a este nível, o altruísmo do presbítero ou do religioso consagrado tem como primeiro objetivo o bem-estar do próximo, e o faz como uma vivência autenticamente empática, ou seja, aberta às necessidades do outro.

Em todo caso, não se trata de uma comunhão estática e bem definida, como é o caso do altruísmo colaborativo, mas é uma tensão dinâmica, que permite transformar o modo de estar juntos, passando, por exemplo, da atitude de desconfiança para uma sintonia recíproca. Eis por que nos referimos a este tipo de altruísmo como de confiança; ou seja, aquilo que se faz para o bem do próximo depende das relações que as pessoas estabelecem entre elas.

Os resultados que se obtêm com o altruísmo de confiança não são completamente tranquilizadores, porque, consolidando o vínculo, as pessoas podem conhecer umas às outras, seja pelos aspectos positivos quanto pelos negativos. Por isso, nas relações se descobrem que existem imprevistos que nem sempre respondem às expectativas recíprocas. Por exemplo, uma religiosa consagrada se empenha em ajudar os jovens, no colégio onde ela trabalha, organizando atividades que são adequadas com os anseios da juventude. Nos momentos em que eles estão juntos, sentem-se como se fossem parte de uma mesma família, tendo empatia uns para com os outros. Terminadas as atividades, os jovens retornam para as suas casas e continuam com as ocupações cotidianas. Cada vez que eles terminam os encontros, a religiosa consagrada sente um certo tipo de insatisfação: "Parece que eles desaparecem do nada. Depois do nosso encontro, ninguém me enviou nem ao menos uma mensagem de WhatsApp". Se a religiosa consagrada fica bloqueada às falsas expectativas dentro de si mesma ("pensei que fôssemos uma família"), talvez aos sentimentos de hostilidade ("os jovens de hoje são ingratos"), ela poderá desgastar-se interiormente e, apesar dos esforços, continuará com uma sensação de desilusão.

A realidade é que os jovens não têm tempo para estarem sempre próximos à religiosa consagrada para lhe fazer companhia, da mesma forma como fazem durante os encontros no colégio. Em tais situações ela precisa ter consciência que o trabalho pastoral não tem como objetivo primeiro satisfazer às necessidades afetivas dos envolvidos nas relações interpessoais. Por isso é preciso reconhecer que o momento de separação, quando cada um retorna à sua casa, é uma oportunidade de crescimento, muito mais do que um momento de rejeição. Com efeito, se inicialmente fica um pouco desiludida com o comportamento dos jovens, ela poderá continuar sendo autenticamente altruísta na medida em que se dá conta de que, nas relações estabelecidas no âmbito eclesial, o valor se concentra na atividade pastoral.

Com essa consciência, o presbítero ou o religioso consagrado se abre à possibilidade de estabelecer relações diversas, passando da desconfiança ("estou desiludido porque ninguém mais se lembra de mim") à confiança ("sinto-me bem quando aqueles com os quais eu trabalho continuam com a vida quotidiana"). Reconhecer a importância de tal atitude, de passar da desconfiança à confiança, é importante passo como valor formativo, porque a religiosa consagrada e os jovens que citamos no exemplo se reconhecem como agentes de relações construtivas.

Esse tipo de altruísmo ajuda a reduzir a distância entre as pessoas, reforçando o interesse em estabelecer relações recíprocas, favorecendo, desse modo, a criação de um mundo intersubjetivo, com o qual se reconstrói uma plataforma colaborativa, tendo em vista um projeto comum.

1.3 O altruísmo normativo

Além do altruísmo colaborativo e de confiança, há um outro tipo de altruísmo que diz respeito ao conjunto de fatores formais das relações, feito de regras e de normas que definem os confins relacionais, necessários para estruturar a existência formal de um determinado grupo. Consideramos fundamental que, na práxis pastoral, se tenha qualquer tipo de estrutura organizativa, na qual são bem definidas as tarefas, as funções de cada membro, condições essas necessárias para estabelecer, de maneira muito clara, o espaço de cada um. Pensemos, por exemplo, nos horários que precisam ser respeitados, no ritmo de trabalho, no projeto pastoral, mas também naquelas situações nas quais é preciso deixar muito claro qual é a função de um presbítero ou de um religioso consagrado ao interno da práxis pastoral.

A dimensão estrutural do altruísmo permite definir a parte formal do envolvimento e da participação de cada um, condições essas que delinearam os afetos que se estabeleceram nas relações. Da mesma forma dos altruísmos apresentados anteriormente, também o altruísmo normativo não pode ser absolutizado nem muito menos reduzido a um conjunto de normas que precisam ser observadas. Como vimos nos capítulos anteriores, também o excesso de normas pode conduzir a uma dinâmica de exaurimento psicológico. Dentro do conjunto de normas é preciso deixar espaço para o testemunho evangélico. Os aspectos normativos não podem regular as relações, sendo que um bom administrador pastoral tem como característica a sensibilidade para com o próximo. Se o presbítero ou o religioso consagrado está muito ocupado com as tantas atividades para serem feitas, isso não significa um altruísmo normativo, mas uma provável síndrome de burnout.

2 Quando o altruísmo se torna egoísta

Muitas vezes, dentro do ambiente eclesial, surgem comentários tais como: os presbíteros e os religiosos consagrados, pelo modo como se envolvem altruisticamente com o próximo, deveriam estar protegidos do estresse; eles estão muito envolvidos com o anúncio do evangelho para ter tempo para o exaurimento psicológico. De fato, se o testemunho evangélico é fundado no amor de Cristo, não se deveria ter motivo para o cansaço; ao contrário, a práxis pastoral deveria carregá-los ainda mais de fervor apostólico.

A práxis pastoral dos presbíteros e dos religiosos consagrados, qualificada pela íntima comunhão com Cristo, os envolve em um ministério intimamente ligado à comunhão com os irmãos, que, se por um lado exige um empenho pessoal para responder às múltiplas solicitações dos outros, por outro lado o adequa às expectativas eclesiais vinculadas à tarefa pastoral. Na forma como estamos conceitualizando o envolvimento pastoral é possível reconhecer os diversos níveis de altruísmo que mencionamos no tópico anterior, seja como vínculo de comunhão e sentido de pertencimento recíproco (altruísmo colaborativo), seja como construção de uma plataforma relacional intersubjetiva (altruísmo de confiança), seja, enfim, como representação socialmente estruturada (altruísmo normativo).

Mas quando o altruísmo se torna um problema na práxis pastoral dos presbíteros e dos religiosos consagrados? Vimos, nas páginas anteriores, que o burnout, na práxis pastoral, toca onde a dedicação altruísta perde a sua coerência unitária, assim como também o sentido de profundidade evangélica que caracteriza a ação pastoral. Para muitos presbíteros e religiosos consagrados, infelizmente acaba prevalecendo uma práxis pastoral "profissional", pouco útil para as pessoas que têm necessidade de uma referência de salvação. O profissionalismo dos presbíteros e dos religiosos consagrados requer, em tempos atuais, um tipo de formação específica, que aborde temáticas referentes à espiritualidade, mas também a questões psicológicas ainda não resolvidas.

Se a dedicação pastoral de um presbítero ou de um religioso consagrado é centralizada somente no aspecto utilitarista e funcional, ele se arrisca a fazer muitas coisas e fazê-las em vão, sem, porém, conseguir realizar, com a sua ação, uma missão que seja verdadeiramente à imagem de Cristo.

2.1 O paradoxo do altruísmo

Existe um tipo de práxis pastoral cada vez mais difusa entre os presbíteros e os religiosos consagrados, que é o ativismo pastoral. Tal prática não reconhece os limites, sejam físicos ou psicológicos, que indicam que alguma coisa precisa mudar. Na literatura, esse tipo de comportamento dos presbíteros e dos religiosos consagrados é chamado de a "síndrome" do superapóstolo. Mesmo diante de um comportamento disfuncional na práxis pastoral, o superapóstolo continua a envolver-se cada vez mais, levando em frente a certeza de que é indispensável, ninguém pode ocupar o seu lugar.

Os comportamentos altruístas que derivam de interesses autocentrados não facilitam o envolvimento empático com o outro. É um "altruísmo egoísta" que tem como objetivo obter benefícios, seja em termos de resultados ou em termos de redução do estado emotivo negativo. No primeiro caso – isto é, no altruísmo que visa obter resultados –, o sujeito age para obter vantagens. Desse modo, envolver-se com o outro significa ser produtivo, tendo em vista as coisas que precisam ser feitas. No segundo caso – isto é, diminuir um estado emotivo negativo –, tem como objetivo atenuar o sentimento de culpa por estar fazendo bem aos outros para satisfazer à necessidade de ser reconhecido por estar fazendo o bem. Em ambos os casos, o agir altruísta não tem uma perspectiva altruísta autêntica, tendo, como fim último, os interesses pessoais do presbítero ou do religioso consagrado.

A discrepância entre o ideal professado (o dom total de si mesmo) e as ações centralizadas em um altruísmo interesseiro sobrecarrega o presbítero ou o religioso consagrado, fazendo com que ele sinta o peso emotivo de tal incongruência. Isto advém não somente porque deve fazer mais para se sentir satisfeito, mas, sobretudo, porque não consegue atingir um sentido autêntico naquilo que está fazendo. Mesmo se envolvendo na práxis pastoral, tais comportamentos desenvolverão a sensação de não ter alcançado os objetivos almejados, nem para si e nem para os outros. Esta sensação tem um efeito acumulativo: quanto mais faz, mais se deve fazer! A generosidade se transforma em um tipo de "labirinto afetivo", do qual será muito difícil que o presbítero ou o religioso consagrado consiga sair. A lógica pode ser descrita como: se, por um lado, precisa satisfazer as próprias necessidades psicológicas, por outro se sente privado dos valores existenciais das suas ações.

Quando chegamos ao ponto em que o altruísmo pastoral do presbítero ou do religioso consagrado se torna egoísta, a sensação será de insatisfação e a práxis pastoral se torna pesada e sem sentido. Poderíamos dizer, como uma metáfora, que a práxis pastoral se torna o castigo de Sísifo, ou seja, todo dia se deve "empurrar" a ação pastoral até o final do dia, para que no outro dia se comece tudo uma outra vez, como se fosse uma ação pastoral que conduz sempre ao mesmo ponto de partida. A sensação é de estar aprisionado em uma cela ilusória, da qual não se pode escapar.

De fato, certas formas de caridade, antes de serem a expressão do amor desinteressado e genuíno, se revelam como piedade condescendente, trágica culpabilidade, pretensa submissão. São todas ações que, por um lado, evitam o envolvimento nas necessidades que o contexto requer; por outro lado, respondem à lógica autorreferencial, centralizada nas próprias necessidades pessoais, que não considera as reais necessidades dos outros.

O risco é que, para sustentar a si mesmo em uma apropriação altruísta, o presbítero ou o religioso consagrado desvalorize o destinatário da ação pastoral, culpando-o pelas coisas que não estão bem, aliviando desse modo o sentido de culpa por estar envolvido em um altruísmo pastoral inadequado. A atitude de desumanização se manifesta em comportamentos hostis, de cinismo com as necessidades dos outros, prestando um serviço em função de obter uma resposta emotiva ou, talvez, um resultado que seja satisfatório para si mesmo.

A dinâmica do altruísmo egoísta, tantas vezes explicado em termos de desinvestimento afetivo, corrói o significado da práxis pastoral, no qual o presbítero ou o religioso consagrado acusa os outros pela própria insatisfação, arrumando confusão com aqueles aos quais deveria ser um servidor. À diferença das relações humanas, que são subjetivas, personalizadas e emotivas, as relações desumanizadas são objetivantes, impessoais e privadas de conteúdo empático. Quando o presbítero ou o religioso consagrado torna o outro um "objeto", não é mais uma questão de cansaço vindo da práxis pastoral, mas é um problema moral que desestabiliza o nível existencial e vocacional, frequentemente usado para conter a angústia de ter perdido o significado daquilo que está fazendo.

Quando se chega a esse ponto, o altruísmo pode se transformar no seu contrário, o amor se mistura com a raiva e a frustração, o sentido da identidade se dilui em uma adaptação permissiva, que, com o tempo, deixa o espaço a reações negativas. Em tais condições, a práxis pastoral se torna um ativismo homogêneo e pouco estimulante, no qual o presbítero ou o religioso consagrado continua a desenvolver as suas atividades altruísticas, mas não se sente satisfeito. Junto com essa atitude, cresce no interior do presbítero ou do religioso consagrado uma sensação angustiante de perda de sentido na medida em que as motivações carismáticas que sustentam a escolha vocacional se tornam cada vez mais escassas.

2.2 O dilema do altruísmo pastoral

O processo de exaurimento psicológico dos presbíteros e dos religiosos consagrados é caracterizado por uma série de fatores socioculturais, organizativos e interpessoais que compõem o ambiente pastoral no qual cada um está inserido. No nosso caso, falamos especificamente do ambiente eclesial. Nesse ponto do nosso livro, já temos conhecimento que o burnout é observado com mais frequência e intensidade entre os presbíteros e os religiosos consagrados mais motivados, aqueles que se colocam inteiramente e com grande entusiasmo a serviço do próximo, caracterizando, desse modo, a escolha vocacional.

Conciliar a motivação pessoal e idealizada com a realidade das pessoas que buscam ajuda não é uma tarefa fácil. De fato, se por um lado os religiosos consagrados se sentem reforçados no espírito evangélico que sustenta a práxis pastoral, por outro lado precisam considerar as reais condições intrapsíquicas, organizativas e relacionais, nas quais esses desenvolvem a práxis pastoral. Tal realidade influencia o estilo de dedicação pastoral, sobretudo quando há excessivo pedido de ajuda, pressionando o presbítero ou o religioso consagrado a envolver-se cada vez mais com a práxis pastoral.

Um jovem presbítero, participante de um encontro interdiocesano, compartilhava: "Às vezes me esqueço que sou feito de carne e osso. Sinto-me incapaz de estabelecer limites, porque é como se devesse ir além das minhas reais possibilidades". É muito importante que, junto com o ideal vocacional, o presbítero ou o religioso consagrado reconheça os seus limites pessoais para fazer surgir a necessidade de colocar-se em uma atitude formativa, procurando desenvolver o verdadeiro significado da autêntica missão apostólica.

A generosidade não pode ser infinita, mas deve ser definida segundo o espírito de serviço que seja autenticamente evangélico, capaz de ser dom total ao próximo, modelado pelo espírito de Cristo. Tal disponibilidade à ação de Deus convida o presbítero ou o religioso consagrado a sintonizar as suas ações segundo as suas possibilidades de dedicar-se ao próximo. Isso significa que o ideal vocacional se mantém no horizonte como uma bússola que guia a ação evangelizadora, porém não substitui as reais necessidades que cada contexto exige. Muitas vezes, a exigência é descansar, avaliar a práxis pastoral e retomar o caminho do altruísmo verdadeiro.

De maneira diversa, quando a idealização vocacional é incongruente com os limites do sujeito, criam-se "rupturas" internas que desestabilizam e inquietam as reais intenções altruístas. O presbítero ou o religioso consagrado corre o risco de "adoentar-se" com um altruísmo egocêntrico, sentindo-se atormentado com a própria identidade presbiteral ou consagração religiosa; em certos casos, passa a viver uma condição de aridez e de tédio existencial.

Em tais condições pode refugiar-se em uma práxis pastoral fria, distante e burocrática, com relações superficiais e ambíguas, que se traduz em um estilo de vida confuso e pouco frutífero. Um presbítero ou um religioso consagrado "funcionário", com comportamentos oficiais e não amigáveis nas relações interpessoais, gera uma pastoral sufocante. O resultado será uma oscilação contínua entre um sentimento de onipotência e sentimento de impotência, entre o desejo de administrar a todo o custo as necessidades de uma paróquia, por exemplo, e a sensação de falência. A sensação de fundo que conduz essa oscilação é uma inadequação humana e espiritual.

3 O caso de um altruísmo especial: a síndrome de burnout

O que impulsiona um presbítero ou um religioso consagrado a dedicar-se aos outros, consumindo as suas forças até o extremo? O que faz com que o altruísmo seja autêntico para com o próximo? Como conectar a práxis pastoral a um amor que seja verdadeiramente desinteressado para com o próximo?

Para responder a essas questões nos referiremos a uma famosa experimentação efetuada nos anos de 1970, com a qual se exploram as motivações altruísticas em um grupo de seminaristas[5]. A pesquisa procurou saber se o altruísmo era genuíno porque é sustentado pelas motivações professadas ou se dependia de outros fatores, independente das convicções religiosas. Seria possível que as pessoas boas, seja por vocação ou por preparação teológica, tenham comportamentos que as levam a esquecer as convicções espirituais mais profundas? Isso poderia acontecer, mesmo quando a necessidade do próximo é evidente?

A pesquisa a que nos referimos aconteceu com um grupo de estudantes de teologia, que estavam participando de uma conferência sobre a espiritualidade da Parábola do Bom Samaritano. No final dessa palestra foi solicitado a eles que apresentassem um resumo sobre a temática que apenas tinham escutado. Para tal, foi pedido que eles se retirassem da sala de conferência e se dirigissem a uma outra sala, onde deveriam falar sobre o evangelho do bom samaritano. Os pesquisadores pressupunham que esses seminaristas, bons e generosos por escolha vocacional, se comportassem coerentemente com as motivações altruístas que haviam apenas interiorizado na conferência sobre a Parábola do Bom Samaritano.

---

5. DARLEY, J.; BATSON, D. "From Jerusalem to Jericho": a study of situational and dispositional variables in helping behavior. *Journal of Personality and Social Psychology*, v. 27, n. 1, p. 100-108, 1973.

Antes de se mudarem para a outra sala onde apresentariam o resumo, os seminaristas foram divididos em dois grupos: para um grupo foi anunciado que eles teriam pouco tempo para preparar-se; para o outro grupo foi dito que teriam todo o tempo necessário, podendo preparar a apresentação sem nenhuma pressa. No caminho para a sala onde fariam a apresentação, todos se depararam com alguém, sentado no chão, pedindo ajuda, claramente chamando a atenção dos seminaristas enquanto passavam. Seria lógico pensar que os seminaristas que haviam estudado a Parábola do Bom Samaritano parassem para prestar ajuda, principalmente porque estavam pensando na Parábola do Bom Samaritano, temática que deveriam apresentar.

O desenrolar da história não seguiu a lógica esperada. A grande maioria não parou para ajudar aquela pessoa necessitada, justamente porque estavam preocupados em apresentar o significado da Parábola do Bom Samaritano. Em suma, a pressão do tempo como uma variável situacional incidiu significativamente na decisão de dar ou não atenção ao próximo que passava por necessidade. Naquele momento, as características de personalidade (a propensão ao altruísmo, as crenças religiosas, os traços de personalidade pró-social) não influenciaram no comportamento altruísta, como se esperava. Ao contrário, o que influenciou a escolha daqueles seminaristas foi o fato de ter pouco tempo à disposição e a urgência de concluir a tarefa que os preocupava. É como se nós disséssemos que a pressa foi o motivo "egoísta", para o qual não tinham tempo de parar e ajudar o próximo mais necessitado.

Esta pesquisa foi replicada com objetivos diversos, mas o resultado foi sempre o mesmo: quanto mais os seminaristas tinham pressa, menos eles paravam para ajudar. Em suma, o experimento levou os autores a concluir que a demanda de ter que ajudar os outros, somada à pressão do tempo, fez com que aqueles seminaristas se tornassem menos sensíveis às necessidades do próximo. Se a tarefa que os participantes tinham que desenvolver era percebida como menos importante, eles se tornavam mais disponíveis a ajudar o próximo necessitado. Isso nos leva supor que, se as pessoas são mais livres das preocupações de satisfazer às próprias necessidades autorreferenciais, poderão atingir com mais facilidade as motivações mais genuínas e autênticas, características do altruísmo.

Além disso, pelo fato de serem seminaristas, esperava-se que fossem pessoas habituadas a dedicar-se ao próximo. Ao invés, em uma pesquisa parecida, foi observado que as expectativas sociais não são suficientes para motivar uma ação altruísta[6]. De fato, encontramos neste estudo que os "bons seminaristas" seguiram em frente, preocupados com os próprios interesses enquanto refletiam a Parábola do Bom Samaritano. Talvez tentemos subestimar a disponibilidade das pessoas em ajudar, sobretudo se esperamos que façam porque são "naturalmente altruístas", como no caso dos seminaristas ou de um presbítero que é empenhado pelo bem dos seus paroquianos.

Este experimento que nós apresentamos brevemente confirma que, além dos fatores individuais, os fatores ambientais podem influenciar sobre a forma como as pessoas ajudam. Mas, sobretudo, não garantem uma motivação genuinamente altruísta. Assim como observamos nos resultados da pesquisa, os seminaristas tinham outras coisas para pensar. Por isso, nem as suas convicções religiosas (fator individual), nem a pressão social (fato de ter que ser um bom seminarista), foram suficientes para chamar a atenção deles para o próximo necessitado, nem muito menos influenciou sobre os seus comportamentos.

Enfim, os seminaristas estudados eram preocupados em concentrarem-se em um altruísmo, mas sem uma relação verdadeira com o outro e com as suas reais necessidades. Este altruísmo desgasta quem o pratica, porque não integra as motivações evangélicas que foram interiorizadas com os comportamentos manifestados. O mesmo acontece com os presbíteros e os religiosos consagrados na práxis pastoral quando dissociam o ideal vocacional do estilo de vida: poderão manifestar boas intenções, poderão até mesmo ser idealmente convictos dos valores religiosos, mas, se não corresponderem com a intenção de dedicar-se aos outros e os comportamentos manifestados, acabam por perderem o sentido de tal dedicação.

Quando os comportamentos altruístas não são direcionados à diversidade do outro, mas são associados aos benefícios e aos interesses pessoais, o sujeito

---

6. PIETROMONACO, P.; NISBETT, R. Swimming upstream against the fundamental attribution error: subjects' weak generalizations from the Darley and Batson Study. *Social Behavior and Personality: an international Journal*, v. 10, n. 1, p. 1-4, 1982.

se arrisca a dedicar-se tanto, a ponto de esvaziar-se emotivamente, perdendo afeição pelas pessoas, reduzindo o seu zelo a um estilo de vida superficial.

3.1 Os tipos de altruísmo

Na práxis pastoral, a vocação como dom total de si mesmo supõe uma dedicação autêntica e livre da autorreferencialidade egocêntrica. Geralmente, os presbíteros e os religiosos consagrados têm motivos diferentes para dedicarem-se ao próximo, muitos dos quais não correspondem ao autêntico estilo do bom samaritano. Isso não significa que estes não tenham motivações altruístas. São centralizados sobre os próprios interesses, talvez sobre motivações mediadas pelas necessidades individuais. Se tomamos como exemplo os estudos apresentados no tópico anterior, o modo como os seminaristas se comportaram não era tanto uma forma inapropriada de ajudar, mas um modo diferente de entender a dedicação ao próximo, influenciado por um contingente muito específico: a falta de tempo.

O altruísmo que responde ao modelo do Cristo, o Bom Pastor, se apresenta em termos diversos. Algumas vezes parece não ser tão produtivo como se esperava, ao menos em termos quantitativos. Porém, é um altruísmo atento às necessidades do próximo, aberto à perspectiva do sentido vocacional, não sendo centralizado nas necessidades egoístas. Tais comportamentos, que manifestam a coerência entre a práxis pastoral e a vocação, têm, no fundo, um forte impacto sobre a escolha vocacional, porque faz com que o presbítero ou o religioso consagrado renove a cada ação o porquê e o por quem se consagra.

A dedicação ao próximo é um fator característico comum que orienta os presbíteros e os religiosos consagrados na práxis pastoral. A dinâmica altruísta ao interno da práxis pastoral necessita de uma contínua articulação entre os principais elementos que sustentam a escolha vocacional, justamente para que o altruísmo esteja harmonizado com a visão eclesial, com a qual se redescobrem as motivações centrais da dedicação pastoral. Em síntese, é preciso sintonizar a práxis pastoral com a dedicação ao próximo, não com as necessidades autorreferenciais.

Em particular, precisa que o presbítero ou o religioso consagrado tenha como finalidade última o interesse das pessoas às quais se dedica, sabendo perseverar, nesse comportamento, mesmo quando as situações pastorais se tornam complexas e instáveis. Em uma realidade social que constantemente muda, na qual observamos a crescente complexidade e instabilidade das relações, faz-se necessário estar atento às características que nos identificam como Igreja. Na base dessa complexa articulação, é preciso ter presentes os valores fundamentais que motivam a fazer escolhas que respondam às necessidades de uma época, para que possa haver coerência entre o chamado de Deus e a resposta vocacional.

Peguemos como exemplo uma religiosa consagrada que, ao ouvir os lamentos de um dos seus catequizandos, sente-se envolvida na trama existencial da família. A religiosa consagrada, motivada pela sua formação cristã, decide ajudar o catequizando porque ver o outro que sofre lhe faz mal. Podemos dizer que a motivação dessa religiosa é uma motivação, de certo modo, egoísta, porque decidiu ajudar o próximo para atenuar o mal-estar gerado dentro de si mesma. De fato, mesmo que a religiosa tente aliviar a dor do catequizando que sofre, seu altruísmo é funcional somente para si mesma, servindo para sentir-se melhor e conter o estresse emotivo devido ao sofrimento do próximo. Em outras palavras, é um altruísmo que ajuda a evitar o próprio sentimento de culpa, obtendo gratificações pessoais.

Se o exemplo do envolvimento pastoral que apenas citamos, entre a religiosa consagrada e o catequizando, fosse considerado de uma maneira diversa, na qual a religiosa consagrada se colocasse ao centro da relação de ajuda às necessidades do catequizando, poderíamos dizer que a motivação da sua dedicação ao próximo é altruísta. Talvez a ajuda que ela poderia oferecer fosse somente escutar o catequizando. Com tudo isso, queremos dizer que o altruísmo é autêntico quando a práxis pastoral tem como centro da sua ação o próximo necessitado. Sentir satisfação pessoal por ajudar o próximo é importante, porém, não é tudo. Mas, recordemos, são coisas secundárias, visto que o objetivo da práxis pastoral é colocar o outro no centro, não a si mesmo ou a ações que conduzem à autorreferencialidade. Agindo deste modo, na práxis pastoral, o presbítero ou o religioso consagrado, deixa espaço para o anúncio evangélico, que caracteriza o chamado e a resposta vocacional. Desse modo, a práxis pastoral se torna uma resposta de amor autêntico.

3.2 O altruísmo autêntico e os valores pessoais

Nas páginas deste capítulo defendemos a ideia de que o altruísmo autêntico se caracteriza por ações que reforçam relações que sejam atentas às necessidades do próximo em uma genuína finalidade descentrada[7]. Para um presbítero ou um religioso consagrado envolvido com a práxis pastoral, o seu agir é motivado por profundas convicções que dão sentido a toda a existência, assinaladas por um amor que segue o exemplo de Cristo, o Bom Pastor. Esta orientação profundamente motivada pela espiritualidade característica da vocação qualifica a doação generosa e gratuita de si mesmo, "condição irrecusável para quem é chamado a fazer-se epifania e transparência do Bom Pastor que dá a vida"[8].

O altruísmo pastoral autêntico não se baseia tanto na quantidade das coisas feitas pelo bem do próximo, mas da qualidade, do modo como o presbítero ou o religioso consagrado se dedica ao próximo. Quando é sustentado por um caminho espiritual e por uma religiosidade que exprime uma vigilância sobre si mesmo, representa uma conversão pastoral que tem como centro a ação de Deus, para redescobrir os valores últimos que sustentam as escolhas cotidianas, reforçando, assim, a resposta vocacional.

O presbítero ou o religioso consagrado que centraliza sua práxis pastoral em um altruísmo autêntico será capaz de dedicar-se qualitativamente ao próximo que pede ajuda, porque se sente motivado por uma fé sintonizada com as aspirações vocacionais mais profundas. Somente desse modo vivenciará, sob o exemplo de Cristo, uma atitude de autêntica caridade pastoral, parte da essência do ser presbítero ou religioso consagrado, sendo coerente com as suas escolhas existenciais.

É a centralidade de um amor autêntico ao próximo, mediado por uma profunda interiorização, que modela o caminho de fé, que dá significado aos comportamentos e às escolhas pastorais do presbítero ou do religioso consagrado, mesmo quando vivem situações que contradizem as expectativas pastorais, tais como emoções negativas, cansaço, quando têm um caráter

---

7. SANAGIOTTO, V.; PACCIOLLA, A. (orgs.). *A autotranscendência na logoterapia de Viktor Frankl*. Petrópolis: Vozes, 2022.
8. JOÃO PAULO II. Pastores Dabo Vobis: *sobre a formação dos sacerdotes. Op. cit.*, n. 49.

difícil, quando as pessoas não correspondem às motivações pastorais etc. Um amor pastoral sem fé poderá ser uma boa ação pastoral, poderá aliviar o sentido de culpa diante das pessoas que procuram ajuda, mas não correspondem ao amor de Cristo. O altruísmo autêntico tem como objetivo a realidade que vive o próximo, convidando a sair do próprio egoísmo para abrir-se com uma atitude de constante busca ao mistério de Deus, presente naqueles que foram confiados ao cuidado pastoral.

Desse modo, o presbítero ou o religioso consagrado deverá colocar no centro dos seus comportamentos altruístas as motivações que sustentam a sua escolha vocacional. Isso será possível se ele se deixar plasmar pela presença de Deus, sem rigidez, mas com uma docilidade atenta que permite integrar os valores que guiam a sua escolha de vida. Desse modo se pode chegar "a cultivar a própria vocação segundo o evangelho, a uma caridade sincera e operosa, e à liberdade com que Cristo nos libertou"[9]. A práxis pastoral, pelo viés que estamos estudando neste livro, não será tanto direcionada a fazer sempre mais, mas será uma dedicação harmonizada com a vivência da fé, para ser verdadeiramente instrumento de amor para o próximo, sobretudo com aquela porção do povo de Deus, confiado pela Igreja ao seu cuidado apostólico.

---

9. CONCÍLIO ECUMÊNICO VATICANO II. *Presbyterorum Ordinis. Op. cit.*, n. 6.

Janela interativa•

Um olhar sobre mim mesmo e sobre minha prática pastoral

O medo de desapontar os paroquianos ou de não corresponder às suas expectativas pode deixar os presbíteros e os religiosos consagrados esgotados psicologicamente. Nossa hipótese é que o desejo de agradar o outro, quando em níveis elevados, pode estar relacionado ao burnout. Para avaliar essa construção, a escala a seguir mede o desejo de um presbítero ou de um religioso consagrado em agradar os outros dentro da sua práxis pastoral. O fato de não saber dizer "não" pode conduzir a sentir-se sempre na obrigação de estar 24 horas disponível aos outros. Vamos saber um pouco mais sobre isso?

OBS.: Os itens abaixo dizem respeito à atividade pastoral (trabalho) que você está desenvolvendo atualmente. Convidamos você a adaptar, conforme o seu contexto.

O desejo de agradar aos outros[1]

Na sequência você encontrará algumas afirmações sobre o desejo de agradar as pessoas com as quais você está envolvido pastoralmente. Convido você a responder, de acordo com o seu comportamento. Não existe resposta certa ou errada, existe a sua resposta; portanto, seja o mais sincero possível.

1	2	3	4	5
Nunca	Raramente	Algumas vezes	Frequentemente	Sempre

	1	2	3	4	5
1) Quando os paroquianos me pedem ajuda no meu dia de folga, eu tento ajudar de qualquer maneira.	1	2	3	4	5
2) Eu tenho medo de desapontar os paroquianos na minha prática pastoral.	1	2	3	4	5

---

1. BARNARD, L.; CURRY, J. The relationship of clergy burnout to self-compassion and other personality dimensions. *Pastoral Psychology*, v. 61, n. 2, p. 149-163, 2012.

	1	2	3	4	5
3) Tenho dificuldade em estabelecer limites no meu ministério pastoral.	1	2	3	4	5
4) O autocuidado fica em segundo plano para poder cuidar dos outros.	1	2	3	4	5
5) Eu me coloco à disposição quando os paroquianos têm uma emergência, mesmo se eu tivesse outros planos.	1	2	3	4	5
6) Não quero/gosto de decepcionar ninguém.	1	2	3	4	5
7) Tenho dificuldade para encontrar tempo para me dedicar à oração e à meditação pessoal por causa da pastoral.	1	2	3	4	5
8) As pessoas mais próximas de mim dizem que eu trabalho demais.	1	2	3	4	5
9) As exigências pastorais na paróquia dificultam um equilíbrio entre a pastoral e a vida pessoal.	1	2	3	4	5
10) Sinto-me egoísta quando arranjo tempo para mim mesmo sabendo que poderia estar fazendo algo para os paroquianos.	1	2	3	4	5
11) As pessoas me pedem ajuda porque sabem que eu direi sempre sim.	1	2	3	4	5
12) Eu tenho dificuldade em acompanhar tudo o que concordei em fazer.	1	2	3	4	5
13) Intencionalmente, marquei um dia de folga do trabalho da Igreja toda semana.	1	2	3	4	5

14) Durante o período de folga, verifico e-mail ou mensagens de WhatsApp relacionadas ao meu trabalho na Igreja.	1	2	3	4	5
15) Não me sinto bem quando tenho que discordar de alguém.	1	2	3	4	5
16) Quero que todos os meus paroquianos gostem de mim.	1	2	3	4	5
Soma de todos os itens					

1) A soma das respostas ao questionário sobre o desejo de agradar os outros é _____.
O que você pensa sobre isso? Anote algumas observações que você acha importante.
_____
_____
_____

OBS.: As respostas são pessoais. Se você não se sente confortável em deixar esta página no livro, poderá cortá-la.

Para corrigir o questionário **O desejo de agradar aos outros**, siga os passos indicados:
1) Somar todos os itens e assinalar o total = _____
2) Critérios de correção:
a) Entre 1 e 16 = *raramente* age com o objetivo de agradar aos outros.
b) Entre 17 e 32 = *às vezes* age com tendência a agradar os outros.
c) Entre 33 e 48 = *muitas vezes* age para agradar os outros.
d) Entre 49 e 64 = quase *sempre* age para agradar aos pedidos dos outros na práxis pastoral.
e) Entre 65 e 80 = *sempre* atende aos pedidos vindos das pessoas com as quais se envolve na práxis pastoral.

VI
A prevenção da síndrome de burnout no âmbito pastoral

Nas páginas anteriores vimos que não é possível explicar o fenômeno do burnout na práxis pastoral de forma unívoca, sendo essa uma realidade multidimensional e processual. De fato, a síndrome de burnout precisa ser estudada a partir de fatores relacionados ao indivíduo e ao ambiente no qual ele está inserido. A soma desses dois fatores resulta no modo como cada um se envolve com a práxis pastoral. Além disso, na dedicação pastoral dos presbíteros e dos religiosos consagrados, o altruísmo e as motivações mais profundas que sustentam a fé precisam de uma integração recíproca, que expresse um estilo de vida coerente com a vocação. De maneira diversa, se o ideal vocacional é dissociado da realidade psicoafetiva, o presbítero ou o religioso consagrado pode reduzir a sua práxis pastoral a estereótipos, privado da vitalidade que deriva de uma escolha existencial, cujas raízes se encontram no modelo de doação ao próximo, Jesus Cristo.

Aos poucos, vamos chegando à conclusão do presente livro e gostaríamos de elencar alguns fatores que ajudam a prevenir a síndrome de burnout no âmbito eclesial. Neste capítulo nos deteremos em quatro pontos que abordamos ao longo deste livro: a prevenção durante os primeiros anos de ministério pastoral ou consagração religiosa, a prevenção como atenção aos próprios limites, a prevenção como fator motivacional da escolha vocacional e, enfim, a prevenção feita através do psicodiagnóstico na perspectiva vocacional.

1 Da formação inicial à formação permanente

No segundo capítulo deste livro analisamos o perfil sociodemográfico dos presbíteros e dos religiosos consagrados em que a síndrome de burnout se manifesta com mais frequência e maior intensidade: os mais jovens, com menos tempo de votos perpétuos ou ordenação presbiteral e que trabalham mais de 60 horas semanais. Este resultado nos leva a um período específico do ciclo vocacional, aquele dos primeiros anos de ordenação presbiteral ou votos perpétuos, que representa o período de transição da formação inicial para a formação permanente.

De fato, os primeiros anos de práxis pastoral ou votos perpétuos[1] se caracterizam pela plena inserção na atividade apostólica, pela internalização dos conhecimentos adquiridos nos estudos filosóficos e teológicos. Nesta fase do ciclo vocacional, o presbítero ou o religioso consagrado começa a ter responsabilidades diretas com uma função institucional que lhe foi confiada. Um primeiro impacto que surge é a comparação entre o sacerdócio/consagração idealizado – interiorizado durante os anos de formação inicial – e a realidade com os desafios que se apresentam cotidianamente.

No que diz respeito às relações ao interno da diocese ou da congregação religiosa, acontece uma mudança significativa. O presbítero ou o religioso consagrado começa a inserir-se plenamente nas reuniões e encontros que antes não lhe eram permitidos, assumindo a corresponsabilidade com o presbitério ou a comunidade religiosa. A característica evidente dessa inserção é que o presbítero ou o religioso consagrado interpreta e narra a própria experiência ao interno da instituição eclesiástica de pertencimento.

Nas *Orientações sobre a formação nos institutos religiosos* destaca-se que, entre as etapas significativas que merecem particular atenção na formação permanente, está "o passo da formação inicial para a primeira experiência de vida mais autônoma, na qual o religioso deve descobrir uma nova maneira de ser fiel a Deus"[2].

Na *Exortação Apostólica* Pastores Dabo Vobis afirma-se que a formação permanente para os jovens presbíteros deve ser feita através de encontros sistemáticos e frequentes, nos quais se prolonga a solidez da formação re-

---

1. JOÃO PAULO II. Pastores Dabo Vobis: *sobre a formação dos sacerdotes. Op.* cit., n. 76. • JOÃO PAULO II. *Exortação Apostólica pós-sinodal* Vita Consecrata. *Op. cit.*, n. 70.
2. CONGREGAÇÃO PARA OS INSTITUTOS DE VIDA CONSAGRADA E SOCIE-DADES DE VIDA APOSTÓLICA. *Orientações sobre a formação nos institutos religiosos*. São Paulo: Paulinas, 1990, n. 70.

cebida no seminário, assim como também introduz, progressivamente, os recém-ordenados na compreensão e na riqueza do singular "dom" de Deus, expressando suas potencialidades e aptidões ministeriais. Assim lemos:

> Para acompanhar os jovens sacerdotes nesta primeira e delicada fase da sua vida e do seu ministério, é hoje muito oportuno, senão mesmo necessário, criar propositadamente uma estrutura de apoio, com guias e mestres apropriados, na qual possam encontrar, de modo orgânico e continuado, as ajudas necessárias para bem iniciar o seu serviço sacerdotal. Por ocasião dos encontros periódicos, suficientemente longos e frequentes, possivelmente orientados em ambiente comunitário e regime interno, ser-lhes--ão garantidos momentos preciosos de repouso, de oração, de reflexão e de intercâmbio fraterno[3].

Encontramos um argumento semelhante na *Exortação Apostólica Pós--sinodal* Vita Consecrata, na qual os primeiros anos de inserção na atividade apostólica "representam uma fase crítica por natureza, porque é marcada pela passagem de uma vida guiada a uma situação de plena responsabilidade operante. Será importante que as pessoas recém-consagradas sejam sustentadas e acompanhadas por um irmão ou uma irmã que as ajude a viver plenamente a juventude do seu amor e do seu entusiasmo por Cristo"[4].

No *Diretório para o ministério e a vida dos presbíteros* é enfatizado o impacto com a realidade, em que os ideais vocacionais são confrontados com a prática pastoral. Assim se refere o documento apostólico:

> Durante os primeiros anos depois da ordenação, os sacerdotes deveriam ser sumamente ajudados a encontrar aquelas condições de vida e de ministério que lhes permitam pôr em prática os ideais aprendidos durante o período de formação no seminário. Estes primeiros anos, que constituem uma avaliação necessária da formação inicial depois do primeiro impacto com a realidade, são os mais decisivos para o futuro. Por isso eles requerem um amadurecimento harmônico para fazer frente, com fé e fortaleza, aos momentos de dificuldade[5].

---

3. JOÃO PAULO II. Pastores Dabo Vobis: *sobre a formação dos sacerdotes*. *Op. cit.*, n. 76.
4. JOÃO PAULO II. *Exortação Apostólica pós-sinodal* Vita Consecrata. *Op. cit.*, n. 70.
5. CONGREGAÇÃO PARA O CLERO. *Diretório para o ministério e a vida dos presbíteros*. São Paulo: Paulinas, 2013, n. 111.

Aos bispos e aos superiores dos institutos religiosos recomenda-se que "não é correto colocar num ministério demasiado exigente os presbíteros logo que terminaram a sua formação no seminário"[6], e que é necessário evitar expor o presbítero ou o jovem religioso a situações difíceis ou delicadas[7], promovendo um acompanhamento para sustentar a qualidade do ministério e o entusiasmo com que enfrenta os primeiros desafios pastorais[8].

Quanto à resolução dos problemas que possam surgir com a práxis pastoral, em particular os problemas psicológicos, os documentos do Magistério da Igreja fazem referência de caráter geral, por exemplo, a psicoterapia[9]. Alguns sintomas típicos de esgotamento psíquico foram indicados no *Diretório para o ministério e a vida dos presbíteros*, no qual lemos:

> O perigo da habituação, o cansaço físico devido ao excesso de trabalho a que, sobretudo hoje, são submetidos os presbíteros, por causa do seu ministério, o próprio cansaço psicológico causado, frequentemente, por ter de lutar continuamente contra a incompreensão [...] constituem alguns fatores que podem instilar mal-estar no ânimo dos pastores[10].

Perante um quadro como este, sublinha-se a importância do repouso[11] e de recorrer, "se necessário, à ajuda das ciências psicológicas"[12] para superar os momentos críticos de uma crise[13].

---

6. CONGREGAÇÃO PARA OS BISPOS. *Diretório para o ministério pastoral dos bispos*: Apostolorum Successores. São Paulo: Loyola, 2005, n. 78.

7. CONGREGAÇÃO PARA O CLERO. *Diretório para o ministério e a vida dos presbíteros*. *Op. cit.*, n. 100.

8. CONGREGAÇÃO PARA O CLERO. *O dom da vocação presbiteral. Op. cit.*, n. 83.

9. CONGREGAÇÃO PARA A EDUCAÇÃO CATÓLICA. Orientações para a utilização das competências psicológicas na admissão e na formação dos candidatos ao sacerdócio. *Sedoc*, v. 41, n. 332, p. 356-370, 2008.

10. CONGREGAÇÃO PARA O CLERO. *Diretório para o ministério e a vida dos presbíteros*. *Op. cit.*, n. 101.

11. BENTO XVI. *Homilia na santa missa por ocasião da conclusão do Ano Sacerdotal.* Vaticano. Disponível em: https://www.vatican.va/content/benedict-xvi/pt/homilies/2010/documents/hf_ben-xvi_hom_20100611_concl-anno-sac.html • CONGREGAÇÃO PARA O CLERO. *Diretório para o ministério e a vida dos presbíteros. Op. cit.*, n. 101.

12. CONGREGAÇÃO PARA O CLERO. *Diretório para o ministério e a vida dos presbíteros. Op. cit.*, n. 93.

13. CONGREGAÇÃO PARA OS INSTITUTOS DE VIDA CONSAGRADA E SOCIEDADES DE VIDA APOSTÓLICA. *Orientações sobre a formação nos institutos religiosos. Op. cit.*, n. 70.

Na transição da formação inicial para a formação permanente, espera-se que os presbíteros e os religiosos consagrados tenham apoio para enfrentar os desafios vindos do pleno envolvimento com as atividades pastorais. De fato, os documentos do Magistério da Igreja sugerem que se tenha uma articulação entre as várias etapas formativas[14], sem a qual "surgiriam imediatamente graves consequências sobre a atividade pastoral e sobre a comunhão fraterna entre os presbíteros, em particular entre os de idades diferentes"[15].

Mas como acontece essa transição formativa? Antes de tudo, como elencamos ao longo deste livro, o formando que conclui a formação inicial deve estar ciente de que a formação deve ser permanente, ou seja, deve acompanhar o religioso consagrado ou o presbítero por toda a vida; nos primeiros anos, os recém-ordenados ou os que fizeram os votos perpétuos devem ser acompanhados por um presbítero ou religioso consagrado com maior experiência; as congregações religiosas ou as dioceses devem disponibilizar conteúdos formativos para promover o desenvolvimento da identidade presbiteral e religiosa. Podemos concluir que a transição da formação inicial para a formação permanente depende de uma tríplice responsabilidade: do próprio presbítero (ou do religioso consagrado), do presbitério ou da comunidade religiosa e, enfim, da instituição eclesiástica.

Na prática, supõe-se que entre a formação inicial e a formação permanente dos presbíteros, por exemplo, a transição se dê pela chamada etapa pastoral ou síntese vocacional[16]. O objetivo desta etapa é que o vocacionado seja inserido gradualmente na prática pastoral, e gradualmente se prepare para a ordenação presbiteral. No contexto eclesiástico brasileiro, a Conferência Nacional dos Bispos do Brasil sugere que o futuro presbítero deve aprofundar na etapa pastoral, entre os pontos elencados, três fatores que dizem respeito ao argumento do nosso livro[17]: a) o "autoconhecimento"; b) a capacidade de fazer uma síntese da sua vida e das suas condições humanas para serem conhecidas e integradas na prática pastoral e, enfim; c) a capacidade de viver

---

14. JOÃO PAULO II. *Exortação Apostólica pós-sinodal* Vita Consecrata. *Op. cit.*, n. 69.
15. JOÃO PAULO II. Pastores Dabo Vobis: *sobre a formação dos sacerdotes*. *Op. cit.*, n. 71.
16. CONGREGAÇÃO PARA O CLERO. *O dom da vocação presbiteral*. *Op. cit.*, n. 74.
17. CNBB. *Diretrizes para formação dos presbíteros*. Brasília: Edições CNBB, 2019, n. 298d [Documentos da CNBB 110].

o ministério presbiteral de acordo com a fase de maturidade psicológica e afetiva que atingiu.

No entanto, como indicamos ao longo do presente livro, o envolvimento pleno na prática pastoral leva uma parte significativa dos presbíteros e dos religiosos consagrados brasileiros ao esgotamento psicológico. As pesquisas apontam alguns fatores relevantes que emergem nos primeiros anos de pleno envolvimento com a práxis pastoral: o forte idealismo em relação ao chamado de Deus[18], o sentimento de não ter competência para enfrentar o ministério pastoral[19], a falta de preparação para administrar as atividades que lhes são confiadas[20], a sensação de não conseguirem desvincular-se do ativismo pastoral[21] etc. Podemos dizer que o ponto de conexão entre esses diferentes fatores está no fato de que, diante do exaurimento psicológico, muitos acabam por se decepcionar com a prática pastoral.

A idade jovem/adulta pressupõe, por si mesma, o assumir responsabilidades diante das atividades pastorais que são confiadas, mas, sobretudo, saber lidar com os desafios cotidianos da práxis pastoral. O fato de que os primeiros anos de ministério presbiteral ou votos perpétuos representem uma faixa de risco para o desenvolvimento do burnout coincide com o cumprimento de uma espera de pelo menos oito anos de preparação durante a formação inicial. Podemos dizer que é "normal" que o presbítero ou o religioso consagrado tenda à idealização da prática pastoral, em comparação com os presbíteros e os religiosos consagrados que já aprenderam a lógica da pastoral[22]. Finalmente, atender às expectativas das pessoas sobre o que significa ser um bom padre ou um bom religioso consagrado é, muitas ve-

---

18. ROSSETTI, S.J.; RHOADES, C. Burnout in catholic clergy: a predictive model using psychological and spiritual variables. *Op. cit.*

19. BLANTON, P.; MORRIS, L. Work-related predictors of physical symptomatology and emotional well-being among clergy and spouses. *Review of Religious Research*, v. 40, n. 4, p. 331-348, 1999.

20. FRANCIS, L.; CREA, G. Psychological temperament and the Catholic priesthood: an empirical enquiry among priests in Italy. *Pastoral Psychology*, v. 64, n. 6, p. 827-837, 2015.

21. HOGE, D. *The first five years of the priesthood: a study of newly ordained catholic priests*. Minnesota: Liturgical Press, 2002.

22. RUIZ-PRADA, M. *et al.* Occupational stress and catholic priests: a scoping review of the literature. *Journal of Religion and Health*, v. 60, n. 6, p. 3.807-3.870, 2021.

zes, outra fonte de estresse e tensão, que é frequentemente mencionada nos primeiros anos da prática pastoral[23].

1.1 Três fatores preventivos relevantes para a formação permanente

Na teoria que consideramos para estudar o burnout entre os presbíteros e os religiosos consagrados brasileiros, Maslach e colegas destacam que a decepção vinda da desilusão após a idealização excessiva pode ser uma das causas que levam ao desenvolvimento da síndrome de burnout[24]. A idealização com o próprio trabalho se correlaciona significativamente com o pleno envolvimento com a atividade desenvolvida: uma teoria é que são os trabalhadores melhores e mais idealistas que vivenciam o burnout. A ideia é que pessoas mais dedicadas acabem se envolvendo mais com os seus ideais do que com a realidade, levando à exaustão e eventual despersonalização quando seu sacrifício não é suficiente para alcançar seus objetivos[25]. Estas observações se aplicam aos presbíteros e aos religiosos consagrados: "muitos padres excessivamente zelosos correm grande risco de sofrer de esgotamento"[26].

De fato, os longos anos de formação no seminário ou convento não oferecem tudo o que é necessário para enfrentar as problemáticas vindas do ministério pastoral e da consagração religiosa. A formação recebida no seminário ou no convento se completa com o agir, especialmente no período de inserção pastoral. Isso indica a importância de apoiar os jovens presbíteros ou religiosos consagrados em seu entusiasmo e idealização em relação ao envolvimento pastoral. Tendo em conta os resultados das pesquisas indicadas ao longo deste livro, consideramos importante que a formação permanente, no que diz respeito às variáveis sociodemográficas, considere três fatores para apoiar os presbíteros e os religiosos consagrados nos primeiros anos da pastoral: o primeiro é a formação permanente, que

---

23. ROSSETTI, S.J.; RHOADES, C. Burnout in catholic clergy: a predictive model using psychological and spiritual variables. *Op. cit.*

24. MASLACH, C.; SCHAUFELI, W.; LEITER, M. Job Burnout. *Op. cit.*

25. *Ibid.*, p. 405.

26. BISHOPS' COMMITTEE ON PRIESTLY LIFE AND MINISTRY. The priest and stress. *Op. cit.*, p. 9-10.

se concretiza no contexto pastoral do presbítero ou do religioso consagrado; o segundo diz respeito ao contexto relacional dos presbíteros e dos religiosos consagrados; o terceiro é o acompanhamento sistemático para avaliar o envolvimento pastoral.

Um primeiro fator importante para uma projetualidade formativa, no que diz respeito às variáveis sociodemográficas, é a *formação continuada*. Nos documentos do Magistério da Igreja se destaca que a formação do presbítero ou do religioso consagrado nunca termina[27]. Na *Ratio Fundamentalis Institutionis Sacerdotalis* – O dom da vocação presbiteral –, lemos: "Em virtude de uma constante experiência de discípulo, a formação é um caminho unitário e integral, que começa no seminário e continua na vida presbiteral, como formação permanente, e exige atenção e cuidado a cada passo"[28]. Para ser tal, deve ser *encarnada* na realidade de cada presbítero ou religioso consagrado, tendo em conta que o serviço pastoral faz amadurecer a identidade presbiteral ao longo do tempo[29]. De fato, nos resultados das pesquisas indicadas neste livro, observamos que, com o aumento da idade e tempo de votos perpétuos ou ordenação presbiteral, a frequência e intensidade do burnout tende a diminuir[30]. Isto significa que o apoio formativo permanente, adaptado às necessidades dos presbíteros e dos religiosos consagrados, pode ajudar a enfrentar os primeiros desafios pastorais, promovendo, desse modo, bem-estar psicológico.

Um segundo fator a destacar é o *contexto relacional*. Não é superficial sublinhar que a qualidade das relações é um dos fundamentos para a prevenção da síndrome de burnout. Uma pesquisa com 250 líderes religiosos descobriu que os clérigos que têm um baixo nível de estresse em seu ambiente de trabalho têm pontuação mais alta no uso de recursos

---

27. JOÃO PAULO II. *Exortação Apostólica pós-sinodal* Vita Consecrata. *Op. cit.*, n. 63.
28. CONGREGAÇÃO PARA O CLERO. *O dom da vocação presbiteral. Op. cit.*, n. 53.
29. *Ibid.*, n. 80, 81.
30. SANAGIOTTO, V.; PACCIOLLA, A. Exaustos, porém, realizados! – Análise descritiva da síndrome de burnout entre os padres e religiosos brasileiros. *Op. cit.* • SANAGIOTTO, V.; CAMARA, C.; PACCIOLLA, A. A síndrome de burnout na vida religiosa consagrada feminina: as contribuições da vida em comunidade. *Op. cit.*

pessoais do que outros grupos mais vulneráveis à síndrome de burnout[31]. Os pesquisadores atribuíram essas diferenças à qualidade das relações na vida comunitária. Em outra pesquisa igualmente importante, Virginia encontrou uma estreita relação entre burnout e depressão, em que a falta de apoio social e o isolamento contribuíram para altos índices de exaustão emocional e despersonalização[32].

Em pesquisa mais recente, Crea e Francis[33] constataram que a satisfação com a vida comunitária prediz significativamente dois dos três componentes do burnout, a saber, na escala de satisfação com a vida e na escala de despersonalização. Nos últimos documentos do Magistério da Igreja destaca-se a importância da fraternidade entre os presbíteros. Na *Ratio Fundamentalis* indica-se que "o primeiro âmbito em que se desenvolve a formação permanente é a fraternidade presbiteral"[34], na qual se promove o encontro fraterno de partilha[35]. No contexto da vida religiosa consagrada, isso representa um fator *sine qua non*[36].

O terceiro fator relevante para um processo psicoeducativo é *a avaliação e o acompanhamento da práxis pastoral*. O jovem presbítero ou religioso consagrado necessita de um acompanhamento formativo particular. A *Pastores Dabo Vobis* sugere

> que seja de caráter sistemático [...], que progressivamente introduza os jovens a compreender e a viver a singular riqueza do sacerdócio [...], uma inserção cada vez mais convicta e responsável no presbitério, e, portanto, em comunhão e corresponsabilidade com todos os confrades[37].

---

31. RAYBURN, C.; RICHMOND, L.; ROGERS, L. Men, women, and religion: stress within leadership roles. *Journal of Clinical Psychology*, v. 42, n. 3, p. 540-546, 1986.

32. VIRGINIA, S. Burnout and depression among roman catholic secular, religious, and monastic clergy. *Op. cit.*

33. CREA, G.; FRANCIS, L. Professional burnout among catholic religious sisters in Italy: an empirical enquiry exploring the protective role of quality of community life. *Research in the Social Scientific Study of Religion*, v. 26, p. 266-290, 2015.

34. CONGREGAÇÃO PARA O CLERO. *O dom da vocação presbiteral. Op. cit.*, n. 82.

35. Ibid., n. 88a, 90.

36. CONGREGAÇÃO PARA OS INSTITUTOS DE VIDA CONSAGRADA E AS SOCIEDADES DE VIDA APOSTÓLICA. *A vida fraterna em comunidade*: congregavit nos in unum Christi amor. São Paulo: Loyola, 1994.

37. JOÃO PAULO II. Pastores Dabo Vobis: *sobre a formação dos sacerdotes. Op. cit.*, n. 76.

No que diz respeito ao acompanhamento, as pesquisas indicam que os presbíteros e os religiosos consagrados que são acompanhados nos primeiros anos do ministério pastoral se tornam mais conscientes da forma como administram o seu envolvimento pastoral[38]. Uma particular atenção precisa ser dada a quem faz esse acompanhamento. Definitivamente, não pode seguir os modelos da formação inicial. Seria uma "infantilização" do percurso formativo permanente. No contexto eclesial, o acompanhamento para avaliar a prática pastoral, quando feito por pessoas significativas para a história vocacional, torna-se mais eficaz, porque possibilita a abertura às mudanças que precisam ser feitas. Para tornar-se produtivo e colaborar com o crescimento humano e vocacional do presbítero ou do religioso consagrado, nos primeiros anos de ministério pastoral, o acompanhamento deve ser planejado. As "supervisões" devem ser encontros de partilha em que tanto quem acompanha como quem é acompanhado tenha algo a aprender, sobretudo no que diz respeito aos desafios quotidianos da gestão dos conflitos na prática pastoral.

2 O burnout pastoral e a "neurose existencial"

Nas páginas deste livro diversas vezes referimos que a síndrome de burnout estende as suas raízes na profundidade da existência do presbítero ou do religioso consagrado. A vivência de uma práxis pastoral que distorce o altruísmo (característica do agir vocacional do presbítero ou do religioso consagrado), de certo modo, distorcerá o sentido da vida e da vocação. O burnout se torna um risco quando o presbítero ou o religioso consagrado assume um estilo ministerial pouco incisivo, sobretudo quando perde de vista a vivacidade formativa e profética da vocação. O Papa Francisco se referia a essa tentação como um risco de viver a escolha vocacional de maneira superficial, entendida no sentido relativizado, banalizado da resposta vocacional[39].

---

38. HOGE, D. *The first five years of the priesthood: a study of newly ordained catholic priests*. *Op. cit.* • MINER, M. Changes in burnout over the first 12 months in ministry: Links with stress and orientation to ministry. *Mental Health, Religion & Culture*, v. 10, n. 1, p. 9-16, 2007.

39. FRANCISCO. *Discurso do Papa Francisco aos sacerdotes do internato São Luís dos franceses em Roma*. Vaticano. Disponível em: https://www.vatican.va/content/francesco/pt/speeches/2021/june/documents/papa-francesco_20210607_sacerdoti-sanluigi-dei-francesi.html

Torna-se urgente, para não dizer fundamental, que no processo formativo permanente sejam individuados tais indicadores de apatia. Isso permite administrar os comportamentos disfuncionais, mas, sobretudo, pode dar um novo impulso para a redescoberta do dom da vocação, possibilitando o crescimento que caracteriza a existência humana.

2.1 A busca de sentido e a resposta vocacional

A busca do sentido da própria existência pode se manifestar em diversas formas. Basicamente, no contexto deste livro, elencamos dois: o primeiro se explicita nos eventos singulares que alguém vive; o segundo vem inserido em um conjunto de eventos que fazem referência ao sentido mais amplo da existência. No primeiro caso, quanto aos eventos singulares na vida do indivíduo, trata-se de descobrir o sentido inerente às diversas experiências vivenciadas na cotidianidade. Por exemplo, o sentido das diversas mudanças na vida, o sentido da atividade pastoral, o sentido do envolvimento pastoral com o próximo, o sentido dos tantos anos de consagração religiosa ou presbiteral. São exemplos de significado implícito, no qual cada um tem a tarefa de reconhecer e interpretar as várias circunstâncias que orientam a existência. No segundo caso, o sentido que se apresenta, dentro de um quadro de referência, são situações que se manifestam em um contexto mais amplo e unitário, que dá uma direção harmônica e consistente à vida, integrando os vários eventos em uma dimensão projetual do existir.

Esses dois modos de considerar a busca de sentido são entrelaçados entre si, compondo um quadro unificante que estabelece uma relação de convergência recíproca. De fato, quando os presbíteros ou os religiosos consagrados descobrem o sentido implícito de suas experiências, ao mesmo tempo tem necessidade de orientá-los para um significado existencial. A conexão entre os valores dos eventos singulares e o sentido existencial que caracteriza a vida contribui para o crescimento humano e espiritual e, em consequência, cresce a adesão à resposta vocacional.

No curso da vida, as pessoas são continuamente estimuladas a redescobrir o sentido da própria existência, graças às situações concretas que vivem a cada momento, requerendo uma resposta coerente: quando se encontram diante das mudanças de vida, quando se confrontam com os valores diferentes daqueles professados, quando vivem a sobrecarga na práxis pastoral etc. São todas experiências que requerem que os valores existenciais sejam comunicados de maneira clara, principalmente que se agrupem em torno de um projeto que transmita uma mesma visão existencial. Uma clara orientação de sentido imprime à vida uma direção evolutiva e unificante que dá significado ao inteiro processo de maturidade e de transformação.

No percurso da resposta vocacional, os presbíteros e os religiosos consagrados são convidados a redescobrir a centralidade do significado existencial. Em outros termos, os presbíteros e os religiosos consagrados são convidados a harmonizar os comportamentos com as ações, tendo em vista um projeto que dure toda a vida. Isso os interpela a darem sentido aos fatos e aos eventos, para integrá-los com o significado unificador da escolha vocacional. A capacidade de saber canalizar as diversas experiências para a totalidade da existência permite dar uma orientação unitária à vida, mesmo quando o processo de crescimento deve enfrentar condições de incerteza.

2.2 Quando a identidade presbiteral ou consagrada perde o sentido

O que acontece quando o presbítero ou o religioso consagrado dissolve a clareza unificante da vocação, no meio da multiplicidade de atividades centralizadoras sobre si mesmo ao invés de uma visão eclesiológica baseada na caridade e no amor cristão? Quando o religioso consagrado ou o presbítero perde o sentido do próprio envolvimento pastoral, quando se refugia em um estilo de vida ambígua, quando se entrincheira atrás de uma religiosidade de fachada, ele entra em uma espiral de atrito interior, que toca a raiz da existência. Quando chega a esse ponto, os modelos espirituais e formativos que o haviam sustentado se esvaziam progressivamente das motivações que fundam a sua identidade presbiteral ou consagrada.

Não se trata somente de uma adaptação do religioso consagrado ou do presbítero às mudanças vindas das condições físicas ou psíquicas; não se trata de encontrar uma solução para a diminuição das forças espirituais ou físicas, com as quais se coloca em ordem a vontade de retomar o caminho vocacional na vida de quem perde o sentido da vocação. Referimo-nos a uma crise profundamente existencial, na qual é colocada a pergunta sobre o sentido global do próprio ser[40].

A perda do ideal vocacional se reflete sobre o modo com o qual o presbítero ou o religioso consagrado se dedica aos outros na práxis pastoral: se não é impulsionado por motivações autênticas, fundadas nos valores do evangelho, corre o risco de ter um bloqueio das energias vitais, conduzindo a uma estagnação interior. Em tais situações, como sublinhamos nas páginas anteriores, surgem a excessiva preocupação com a imagem de si mesmo, os interesses pessoais prevalecem sobre a caridade pastoral, entendida como a doação total de si mesmo para o bem do próximo.

Como abordamos nos tópicos anteriores, os jovens presbíteros e os religiosos consagrados, por exemplo, geralmente são propensos ao desencorajamento, à desilusão e à centralização sobre si mesmos. Na idade jovem/adulta a idealização em torno da vida geralmente se choca com a realidade, na qual o "mundo ideal" e o "mundo objetivo" são desconectados: existe um "já e um ainda não" na maturidade psicológica.

Na medida em que o presbítero ou o religioso consagrado enfrenta as diversas condições da vida e da pastoral, o fato de não dar respostas coerentes com o significado mais profundo da vida pode ocasionar profundas cicatrizes vindas da desilusão em não ver realizado o ideal com o qual havia sonhado. Com isso, surge a necessidade de preencher o vazio existencial com outras coisas que parecem dar sentido à vida, como, por exemplo, uma excessiva preocupação com a própria imagem, com aquilo que os outros dizem, com os projetos individualistas, com as diversas atividades que têm para realizar. Tudo isso, porém, com o tempo se esvazia, deixando para trás o rastro do vazio interior, marcado principalmente pelas preocupações egoístas.

Se falta o motivo com o qual um presbítero ou um religioso consagrado vivenciou tantas experiências marcantes na sua vida, esses tendem a levar em frente a vocação como se fossem funcionários de uma religiosidade que lhes é estranha e, muitas vezes, tomam decisões radicais, sem ao menos saber o porquê. Muitas pesquisas sobre o abandono da vida religiosa consagrada e

---

40. SANAGIOTTO, V. Psicologia e formação: gestão da crise no contexto formativo. *Convergência*, v. 54, n. 526, p. 42-49, 2019.

presbiteral confirmam esse fato. Quando as pessoas estão saturadas de um sentido de inutilidade vocacional, encontram-se na situação na qual não sabem mais o porquê de tal consagração[41].

Os religiosos consagrados que deixam a vida consagrada, na maior parte dos casos, não são piores do que aqueles que perseveram. Em muitos casos, são os bons religiosos consagrados, se considerarmos os indicadores da vida de oração, da fraternidade e do empenho pastoral. Contrariamente àquilo que se espera, não são tantos os religiosos consagrados insatisfeitos ou limitados, no que diz respeito aos elementos importantes da consagração à vida religiosa ou presbiteral, que abandonam, mas geralmente são homens e mulheres muito empenhados com a vida e com a consagração.

São tão empenhados que não sabem mais por que devem continuar a fazer certas coisas: por que rezar, por que cuidar do próximo, por que se preocupar, entre outras tantas questões que surgem. Um religioso consagrado, nos seus 50 anos de idade, cansado e sem perspectiva diante das propostas dos seus superiores, dizia: "vVou sair porque não tenho mais vontade de seguir em frente com uma vida banal, sem a vivacidade dos primeiros tempos". Até então, o religioso consagrado, a que nos referimos, sempre foi brilhante no trabalho em que estava envolvido. Situações como essas causam perplexidade nas comunidades religiosas e nas dioceses. Quando chega a esse ponto, não é mais uma questão de o transferir de uma comunidade para outra, de fazer um retiro espiritual, de parar para fazer um ano sabático, entre outras tantas situações às quais estamos acostumados em nossos ambientes eclesiais. Estamos falando de um mal-estar que é muito mais profundo, de natureza existencial, no qual se questiona não somente aquilo que se está fazendo, mas, sobretudo, por que continua a fazê-lo: se na base não tem mais o motivo de uma espiritualidade encarnada na própria vida, segundo o modelo de Jesus Cristo, o religioso consagrado ou o presbítero terá dificuldade em encontrar o caminho que conduz à fidelidade vocacional.

A consequência mais imediata de tal mal-estar é viver a dedicação ao próximo de maneira distorcida e ambígua. Vimos que o amor para com o

---

41. CONGREGAÇÃO PARA OS INSTITUTOS DE VIDA CONSAGRADA E SOCIEDADES DE VIDA APOSTÓLICA. *O dom da fidelidade, a alegria da perseverança*. São Paulo: Paulinas, 2020.

próximo depende do modo com o qual o presbítero ou o religioso consagrado harmoniza as relações interpessoais com as próprias convicções vocacionais e religiosas. A dedicação pastoral é parte da missão da vida religiosa consagrada ou presbiteral, e o modo como se vive as relações interpessoais será influenciado pelo caminho de fé que o envolve e o impulsiona a ser coerente nos seus comportamentos.

De fato, na medida em que os presbíteros e os religiosos consagrados escolhem o significado profético da vocação, esses serão capazes de abrir-se ao próximo, de modo sincero e genuíno, vivendo um estilo de vida relacional, de acordo com o sentido evangélico da existência. Se, porém, perde de vista o objetivo pelo qual se dedica ao próximo, o presbítero ou o religioso consagrado corre o risco de entrar em uma dinâmica com a qual se dedica ao próximo, porém não é possível reconhecer a presença de Deus. Com o passar do tempo, tenderão a esvaziar-se afetivamente para proteger-se da inquietude da desorientação interior, que os deixa sem um ponto de referência. Existem algumas situações, principalmente quando tais experiências não são enfrentadas de maneira madura, em que o presbítero ou o religioso consagrado se refugia em uma religiosidade esvaziada da vitalidade evangélica, reduzida às práticas e ritualismos externos.

Em tais situações os presbíteros e os religiosos consagrados perdem o entusiasmo criativo que caracterizava a escolha vocacional, sentindo-se desmotivados quando enfrentam as interrogações existenciais que surgem do estilo de vida que conduzem: "Por que trabalho tanto?" A esse ponto, a síndrome de burnout não será somente um problema psicológico que surge improvisamente, nem muito menos o resultado do excesso de trabalho. Nesse caso, estamos falando de uma situação psicológica que progressivamente mina os fundamentos da práxis pastoral, revelando-se nas incoerências vindas da desilusão da idealização vocacional, em muitos casos, do vazio de sentido.

Quando o mal-estar psicológico afeta as dimensões cognitivas e motivacionais, características das vivências religiosas do presbítero ou do religioso consagrado, o risco de uma vida apática e medíocre terá profundas incidências sobre a saúde mental do presbítero ou do religioso consagrado. Em outras palavras, sem uma religiosidade autêntica e uma vivência de fé continuamente revigorada através de uma espiritualidade encarnada na vida de Cristo, a identidade presbiteral ou religiosa entra em "curto-circuito", fragilizando a existência daquele que um dia deixou tudo para dedicar-se ao próximo.

Todas essas situações devem ser consideradas quando falamos da formação permanente. Independente da situação difícil que esteja vivendo o presbítero ou o religioso consagrado, o percurso formativo precisa considerar o ser humano em sua complexidade, que busca a maturidade humana e vocacional. As condições que conduzem à síndrome de burnout devem despertar a exigência da integridade do caminho formativo permanente. O dom da vocação presbiteral e religiosa, quando enfrenta dificuldades, não pode ser reduzido a ajustes mais ou menos funcionais. Precisa considerar a possibilidade do nascimento de um novo percurso formativo, que tenha como objetivo principal orientar o presbítero ou o religioso consagrado a um estilo de vida coerente com a vocação recebida e assumida.

3 A práxis pastoral e o preço de ajudar os outros

É possível uma práxis pastoral que integre a fadiga da pastoral à doação altruística ao próximo? Até que ponto é possível doar-se aos outros sem correr o risco de consumir a motivação vocacional? São perguntas para as quais não é fácil encontrar uma resposta, sobretudo porque vimos que o burnout pastoral não é um fenômeno que nasce do imprevisto ou de eventos excepcionais. O burnout na práxis pastoral é o resultado da soma de diversos fatores que indicam a necessidade de rever o estilo da vida presbiteral e consagrada, para que corresponda autenticamente ao sentido vocacional da própria existência.

É estranho, muitos podem pensar, que os presbíteros e os religiosos consagrados se estressem, justamente eles, que são motivados por uma escolha vocacional. Assim como também é estranho que se lamentem em relação à própria vocação, mas, ao mesmo tempo, dizem que são satisfeitos em ser presbítero ou religioso consagrado. Um jovem presbítero nos dizia:

> Com os grupos de jovens da paróquia eu simplesmente não consigo mais. São muito pretensiosos! Mas eles são desse jeito, têm tanta necessidade de ter alguém que os escute e, no fundo, quando não os encontro, sinto saudades.

O burnout na práxis pastoral é um preço que se paga todas as vezes que o presbítero ou o religioso consagrado não consegue integrar o ideal vocacional com a realidade, o evangelho com a experiência de vida, as motivações de fé com o compartilhamento fraterno com as pessoas e com o presbitério. Depois de ter gastado tanta energia em ser tudo para todos, os presbíteros e os religiosos consagrados precisam se confrontar com a realidade pastoral que os absorve totalmente, arriscando consumir-se pelo zelo apostólico se eles não desenvolverem mecanismos de avaliação da prática pastoral e da conversão pessoal.

No momento que surgem os primeiros sintomas, o presbítero ou o religioso consagrado começa a ter dificuldades para ter uma boa saúde psicofísica. Sem dúvida, começarão a surgir prejuízos para a vida espiritual, talvez até mesmo a fragmentação dos eventos vividos, reavivando uma espiral de reações que os conduzirão a um sentido de vazio e de desesperança contra tudo e a todos. Quando se tem excesso de envolvimento com as exigências pastorais, se os olhos não são fixos em Jesus, tal disponibilidade arrisca transformar-se na tentação do "superapóstolo", pronto a tudo, mas prejudicando a si mesmo.

Por trás de cada presbítero ou religioso consagrado zeloso com a práxis pastoral encontramos uma pessoa que vive as tensões e as emoções derivantes de uma missão que nem sempre corresponde àquilo que ele desejava. Na vida de cada presbítero ou religioso consagrado existe uma latente vontade de crescimento, que precisa ser descoberta e transformada em conteúdo e experiência formativa. Parece óbvio, tantas vezes repetido pelos documentos do magistério da Igreja, que a formação não termina no momento em que se é ordenado presbítero ou que se faz os votos perpétuos. A formação continua por todo o percurso da vida, na qual se busca integrar a maturidade humana com a maturidade espiritual.

Quando o caminho de crescimento não é sustentado, quando se diminui a atenção e a dedicação pessoal e comunitária, corre-se o risco de consequências desastrosas para o estilo de vida do presbítero ou do religioso consagrado, para o relacionamento interpessoal, até mesmo para o sentido da própria existência. Mas o que fazer diante desse risco? A *Exortação Apostólica* Pastores Dabo Vobis nos indica que "exige grande vigilância e conscientização viva"[42], concretizada na experiência de vida que o presbítero ou religioso consagrado enfrenta. Diante de uma missão pastoral que representa um risco para o desenvolvimento do burnout, precisa estimular um estilo de formação permanente que o ajude a avaliar o modo de proceder, tendo como ponto de referência a história vocacional.

3.1 Reconhecer os próprios limites

Como enfrentar de maneira positiva e construtiva o mal-estar psicoespiritual e motivacional? Antes de mais nada, é preciso aprender a reconhecer o problema como parte da própria experiência pastoral. No início dos anos de 1980, os bispos dos Estados Unidos se referiam ao estresse dizendo: "Nós acreditamos que, reconhecendo a seriedade do problema do estresse na vida religiosa e presbiteral, já é um primeiro passo para uma resposta"[43]. Neste caso, reconhecer os problemas relacionados ao estresse significa que o presbítero ou o religioso consagrado se dá conta de que o seu envolvimento pastoral está incidindo diretamente no desenvolvimento de uma práxis pastoral desadaptativa. Em outras palavras, ter consciência e reconhecer o problema é o primeiro passo que deve ser considerado quando se enfrenta a síndrome de burnout.

Além disso, no contexto da práxis pastoral, é importante saber reagir diante dos sintomas do exaurimento psicológico, principalmente reavivando a força interior que motiva o despertar do caminho de fé. Não basta uma boa adaptação psicofísica para enfrentar o burnout no contexto pastoral, mas é preciso considerar os objetivos autenticamente evangélicos da forma como se envolve com a pastoral em consonância com a escolha vocacional. Em outras palavras, não se pode cuidar do corpo sem dar atenção ao mundo interior. Quando acontece a separação entre essas duas realidades, corre-se o risco de eliminar o mal-estar com um aparente bem-estar, deixando sem resolver as causas mais profundas que conduzem ao burnout.

---

42. JOÃO PAULO II. Pastores Dabo Vobis: *sobre a formação dos sacerdotes. Op. cit.*, n. 24.
43. BISHOPS' COMMITTEE ON PRIESTLY LIFE AND MINISTRY. The priest and stress. *Op. cit.*, p. 41.

Daquilo que podemos individuar no percurso do presente livro, a reação à síndrome de burnout deve acontecer em três níveis. O primeiro é o *individual*, no qual o presbítero ou o religioso consagrado aprende a cuidar de si mesmo e dos outros, redescobrindo no caminho de fé o entusiasmo do seu chamado vocacional e, sobretudo, a centralidade da dimensão espiritual. Por isso é importante salientar que a condição de aridez espiritual do burnout não indica necessariamente uma falta de espiritualidade, mas que o presbítero ou o religioso consagrado perdeu de vista o quadro de referência dos valores que sustentam a sua dedicação pastoral.

É importante que o presbítero ou o religioso consagrado saiba reconhecer os próprios limites, aceitando que não pode ser o salvador de tudo e de todos. Tal caminho se faz por meio da adaptação equilibrada e harmoniosa, aprendendo a vigiar sobre si mesmo, para intuir quando o envolvimento emocional se afasta das motivações de fé. Quando começam a surgir sinais de ruptura entre a práxis pastoral e as motivações que sustentam a vocação, é importante que o presbítero ou o religioso consagrado saiba redescobrir um modo diferente de envolver-se na sua missão evangélica.

Fazer uma mudança em um estilo de vida considerado disfuncional certamente comporta sofrimento, mas, em uma perspectiva futura, ajuda a viver, de maneira diferente, a forma como se envolve com a práxis pastoral. De fato, aprendendo a dizer "não", o presbítero ou o religioso consagrado se abre a novas possibilidades de escolha, partindo para uma percepção diferente dos contextos pastorais nos quais está inserido, passando de uma atitude negativa de cansaço emocional e de impotência para uma visão na prospectiva e construtiva da forma como se envolve pastoralmente.

O segundo nível diz respeito *ao ambiente social e institucional* da práxis pastoral. Neste âmbito pode-se incluir todas aquelas escolhas que permitem ao presbítero e ao religioso consagrado um certo distanciamento das situações de risco, para evitar de se encontrar envolvido em sentimentos negativos relacionados à práxis pastoral e às pessoas a quem serve. Isso significa que precisa aprender a dar prioridade às coisas que precisam ser feitas, no modo de organizar o próprio tempo. Nesse contexto se insere o suporte da comunidade, seja do presbitério e da vida comunitária, mas, também, daquela comunidade de fé. É no ambiente inter-relacional que o presbítero ou o religioso consagrado aprenderá a regular o seu envolvimento pastoral, sem deixar-se absorver completamente pelo ativismo pastoral.

O terceiro nível é o *somático*, quando o organismo reage às condições de estresse com comportamentos decisivamente desadaptados. É o momento no qual o corpo responde com os sintomas psicossomáticos, difíceis de cuidar, principalmente porque nem sempre se encontra a intervenção adequada. Nesse caso, é importante que o presbítero ou o religioso consagrado tenha consciência do mal-estar físico e se responsabilize em reagir, buscando a maneira adequada para cuidar de si mesmo.

Em cada um desses três níveis que apresentamos não enfatizamos que cada um deles tenha uma "cura" que se deve alcançar, como se estivéssemos em uma condição de doença e passássemos a uma condição de saúde. Não se trata de despertar um *status* perfeito de saúde física ou de bem-estar religioso. Trata-se, ao invés, de uma atitude de vigilância e de consciência constante, que serve para despertar dentro de cada religioso consagrado ou presbítero a necessidade de se aproximar de uma práxis pastoral, a exemplo de Cristo. Somente deste modo se pode ser fiel ao chamado vocacional, colocando a serviço os recursos individuais e interpessoais que ajudam a viver a resposta de amor, a vocação religiosa ou presbiteral, no serviço ao próximo.

3.2 O burnout como ocasião de crescimento e formação permanente

Até agora falamos das reações dos presbíteros e dos religiosos consagrados às condições de estresse psicológico e motivacional. Passemos agora à temática das reações às condições concretas, nas quais as pessoas se encontram. Ao longo deste livro, diversas vezes indicamos que a síndrome de burnout tem suas raízes consolidadas no modo como se vive a práxis pastoral. É desse ponto que é preciso recomeçar, para dar força e confiança aos presbíteros e aos religiosos consagrados, a fim de que as suas escolhas voltem a ser coerentes com a globalidade da existência.

A práxis pastoral dos presbíteros e dos religiosos consagrados não é individualista, mas é vivida em um contexto comunitário e eclesial, no qual cada um é chamado a sustentar e reforçar as escolhas comuns para aderir ao único projeto de evangelização. O documento intitulado *A vida fraterna em comunidade* salienta que numa comunidade verdadeiramente fraterna, cada um se sente corresponsável pela fidelidade do outro; cada um dá seu contributo para um clima sereno de partilha de vida, de compreensão, de ajuda mútua; cada um está atento aos momentos de cansaço, de sofrimento, de isolamento, de desmotivação do irmão; cada um oferece seu apoio a quem está aflito pelas dificuldades e pelas provações[44].

Enfatizamos, ao longo deste livro, que as pessoas não reagem do mesmo modo à síndrome de burnout. Diante do burnout cada um pode se adaptar de maneira diferente, segundo a forma como se vive o processo de crescimento humano e espiritual. Isso depende da forma como aprendemos a amadurecer com os desafios cotidianos, a nos responsabilizar com o crescimento, tendo em vista os objetivos que nos motivam a seguir sempre em frente. Essa atitude ajuda a considerar as situações estressantes no contexto pastoral como parte de um caminho de conversão que interpela o presbítero ou o religioso consagrado a fazer escolhas concretas e tangíveis com a opção vocacional. São João Maria Vianney dizia que "os santos não são santos do mesmo modo; há santos que não poderiam ter convivido com outros santos... nem todos seguem o mesmo caminho. Mas todos chegam ao mesmo lugar"[45].

A perspectiva que estamos abordando ao longo deste livro prioriza os aspectos formativos diante das dificuldades que os presbíteros e os religiosos consagrados vivem. De fato, o burnout pode se tornar uma ocasião para redescobrir o próprio caminho de santidade em um processo evolutivo que permite enfrentar os problemas para elaborar uma resposta eficaz coerente com a própria vocação. Ao longo deste percurso, os presbíteros e os religiosos consagrados encontram respostas adaptativas às dificuldades vividas, buscando sempre, com renovamento interior, a permanente fidelidade e comunhão com Cristo. Quando essa fidelidade é provada, o religioso consagrado ou o presbítero é chamado a despertar o caminho de conversão pessoal e comunitária, para poder

---

44. CONGREGAÇÃO PARA OS INSTITUTOS DE VIDA CONSAGRADA E AS SOCIEDADES DE VIDA APOSTÓLICA. *A vida fraterna em comunidade*: congregavit nos in unum Christi amor. *Op. cit.*, n. 57.
45. ROSSÉ, G. *Importunate il buon Dio – Pensieri e discorsi del curato d'Ars*. *Op. cit.*, p. 78.

crescer no sacerdote a consciência da sua participação na missão salvífica da Igreja. Na Igreja "missão", a formação permanente dele entra não só como sua condição necessária, mas também como meio indispensável para manter constantemente vivo o sentido da missão e para lhe garantir uma realização fiel e generosa[46].

É no processo de formação permanente que os presbíteros e os religiosos consagrados precisam administrar as situações da vida, inclusive aquelas estressantes, dando significado às diversas circunstâncias. No documento *Orientações educativas para a formação ao celibato sacerdotal*, lemos que

a educação humana visa fazer com que o sujeito "cresça" nas várias dimensões primárias (física, intelectual, moral, social, religiosa) e derivadas (educação artística e vocacional, no sentido da educação profissional e na da educação para um determinado papel), mas de modo que todo o complexo do trabalho educativo seja coordenado em direção ao todo unitário da personalidade biopsicossocial do sujeito único, em sua individualidade própria e específica[47].

Nesta ótica processual da história vocacional, entendida como um itinerário em contínua evolução e maturação, os pontos frágeis se tornam ocasião para dar consistência à escolha de vida, que são coerentes com o projeto de Deus. Essa atitude considera seriamente o sofrimento psíquico dos presbíteros e dos religiosos consagrados. Nessa perspectiva, mesmo aquelas situações que às vezes são consideradas corriqueiras ajudam a olhar de modo diferente as dificuldades psíquicas, estimulando os presbíteros e os religiosos consagrados a assumirem a responsabilidade na tarefa formativa, dando resposta de sentido à própria vida, em uma direção clara à coerência evangélica.

3.3 *Recuperar a genuinidade da escolha vocacional*

Recuperar a genuinidade e as motivações que caracterizam e acompanham a escolha vocacional significa discernir aquilo que não está bem,

---

46. JOÃO PAULO II. Pastores Dabo Vobis: *sobre a formação dos sacerdotes*. *Op. cit.*, n. 75.
47. CONGREGAZIONE PER L'EDUCAZIONE CATTOLICA. Orientamenti educativi per la formazione al celibato sacerdotale. *Enchiridion Vaticanum*. *Op. cit.*, n. 19.

tendo como objetivo as futuras escolhas que precisam ser feitas. Nesta perspectiva, as problemáticas vindas da forma como os presbíteros e os religiosos consagrados se dedicam à práxis pastoral se tornam uma ocasião de crescimento na medida em que estas são ativadas como unificadoras da vida interior.

Isso significa que nas condições de sofrimento e de esvaziamento emotivo, estimuladores do potencial de maturação, se ativa uma emergência formativa, indicando claramente os pontos frágeis a que os presbíteros e os religiosos consagrados precisam dar mais atenção, principalmente quando o mal-estar se torna insuportável. Nesses momentos se ativa a possibilidade de uma formação voltada para a conversão, que permeia todo o ciclo da vida, assim como também o ambiente eclesial de pertencimento.

No fundo, estamos falando da vida cotidiana como um lugar do cuidado consigo mesmo, que ajuda a olhar para as situações de fadiga, não somente como motivo de perda de sentido vocacional, mas como uma atitude de autêntica esperança. É no cotidiano da vida que cada presbítero ou religioso consagrado descobre o sentido pedagógico da vocação à vida religiosa consagrada ou presbiteral, como um caminho de conversão que conecta as dificuldades pastorais à descoberta de novos significados e oportunidades, descobrindo o sentido mais profundo da vida.

A maturidade humana e espiritual não se caracteriza somente pela presença ou ausência de alguns indicadores de sucesso, mas da forma como cada um assume os seus problemas. É preciso saber colher o significado dos vários comportamentos em um quadro compreensivo em que se considerem a perspectiva evolutiva e as características de personalidade. Este quadro compreensivo, juntamente com a clareza da escolha de vida, faz surgir a necessidade de congruência entre ideal de vida em Jesus Cristo e a dedicação aos outros. Essa congruência é feita de realização e de falências, de alegrias e de tristezas, de uma necessidade que impulsiona o presbítero ou o religioso consagrado a decidir, com responsabilidade, orientar e integrar a escolha de vida com a sua escolha vocacional.

Certamente não se trata de um caminho fácil, porque requer empenho e atenção aos discernimentos que precisam ser feitos. Mas vale a pena, porque cada presbítero ou religioso consagrado, mesmo que se encontre em dificuldades, continua a ser um sinal vivo da presença de Deus e, por isso, um depositário dos múltiplos dons presentes em sua vida.

4 O psicodiagnóstico preventivo

O cuidado psicológico dos presbíteros e dos religiosos consagrados, no que diz respeito à síndrome de burnout, precisa ser inserido dentro de uma projetualidade vocacional. Do que foi escrito ao longo deste livro, consideramos duas possibilidades: a primeira delas, a perspectiva da psicologia, inserida na dinâmica do psicodiagnóstico, com o objetivo de compreender a dinâmica psicológica do presbítero ou do religioso consagrado; a segunda possibilidade é de natureza projetual, inserida numa dinâmica vocacional que considera toda a existência, sendo sujeita a revisões em todas as fases da vida e do percurso formativo na medida em que aumenta o empenho com a práxis pastoral. O psicodiagnóstico, na perspectiva vocacional, permite planejar o processo formativo a longo prazo e conectá-lo com a história evolutiva do sujeito, com o objetivo de facilitar seu crescimento humano e espiritual. Tal perspectiva psicodiagnóstica deixará de estar centralizada na urgência das necessidades pontuais e episódicas para considerar todo o ciclo de vida, assumindo uma modalidade de prevenção em relação a algumas dificuldades específicas.

4.1 O psicodiagnóstico na perspectiva vocacional

Ao longo dos últimos anos, a psicologia e a formação à vida religiosa consagrada e presbiteral desenvolveram uma relação delicada, mas frutífera[48]. O desenvolvimento de uma disciplina moderna como a Psicologia fez com que muitos religiosos consagrados e presbíteros tentassem aplicá-la no campo da formação, gerando, porém, uma nova compreensão do caminho formativo. No amplo debate que se desenvolveu sobre esta temática encontramos, como ponto comum, a vocação à vida religiosa consagrada ou presbiteral.

No contexto teórico deste livro é essencial definir claramente o conceito de psicodiagnóstico na perspectiva vocacional, para evitar possíveis incom-

---

48. SANAGIOTTO, V. Psicologia e formação: gestão da crise no contexto formativo. *Op. cit.*

preensões. É importante, inicialmente, sublinhar que o psicólogo não pode ter a vocação como "objeto" de estudo, no sentido do discernimento vocacional, que continua sendo uma ação eminentemente teológica[49]. Digamos que o agir do psicólogo se detém ao ponto de indicar os recursos formativos, contextualizados segundo a realidade que vive cada presbítero ou religioso consagrado. Na *Ratio Fundamentalis* lemos que "cada especialista deve limitar-se a intervir no campo que lhe é próprio, sem se pronunciar em mérito à idoneidade dos seminaristas ao sacerdócio"[50]. A intervenção do psicólogo consiste em indicar os elementos descritivos que constituem a personalidade, tendo como referência o desenvolvimento humano e vocacional, indicando um prognóstico que pode favorecer o equilíbrio psíquico, apesar do possível diagnóstico psicopatológico.

Entre as contribuições que a psicologia pode oferecer à vida religiosa consagrada e presbiteral, além de identificar os prováveis aspectos problemáticos da personalidade, está a de contribuir ativamente com o desenvolvimento do sujeito. Essas duas dimensões, ou seja, a dimensão psicológica e a formativa, compartilham dois aspectos considerados importantes na relação entre a psicologia e o contexto formativo: o aspecto psicoterapêutico (característico da psicologia) e o aspecto formativo/pedagógico (típico do contexto religioso). Não podemos mais aceitar que a função da psicologia no contexto eclesial seja predominantemente curativa, emendativa, como comumente se desenvolveu em tempos passados[51]. Na verdade, esta nova epistemologia parte do princípio de que a psicologia toca a dimensão mais profunda do ser humano, e deve ser considerada como uma ferramenta para o desenvolvimento e o crescimento humano.

O psicodiagnóstico na perspectiva vocacional o definimos como "o diagnóstico psicológico da personalidade dos vocacionados. É um método científico de conhecimento e intervenção sobre o psiquismo dos sujeitos,

---

49. CONGREGAÇÃO PARA A EDUCAÇÃO CATÓLICA. Orientações para a utilização das competências psicológicas na admissão e na formação dos candidatos ao sacerdócio. *Op. cit.*

50. CONGREGAÇÃO PARA O CLERO. *O dom da vocação presbiteral. Op. cit.*, n. 146.

51. GODIN, A. Psychologie de la vocation: un bilan. *Le Supplément*, v. 113, p. 151-236, 1975.

sobre a estrutura e dinâmica da personalidade, com particular referência às atitudes e motivações necessárias para prosseguir com a vocação religiosa ou presbiteral em um determinado carisma ou diocese"[52]. Nesta definição podemos ver que a psicologia se situa em um ponto específico dentro de um caminho mais amplo, que inclui a vocação que se desenvolve no percurso existencial, que sustenta o caminho do crescimento humano e vocacional.

Para desenvolver um percurso psicodiagnóstico que tenha um objetivo formativo é imprescindível ir além dos sintomas ou do mal-estar psicologicamente debilitante, para focalizar os aspectos propositivos que caracterizam a estrutura da personalidade. O trabalho do psicólogo será baseado não apenas no passado do presbítero ou do religioso consagrado, nem somente na sintomatologia da problemática que se manifesta no presente, mas estará atento às perspectivas futuras. A projetualidade vocacional considera os recursos presentes no momento, nos quais as forças vitais podem ser engajadas, para caracterizar o desejo de adaptação e mudança que perdura por toda a existência. Esta visão construtiva do ser humano é parte integrante de um projeto personalizado de aprendizagem ao longo da vida, que inclui um percurso de mudanças reais, qualificando não só a classificação das categorias diagnósticas ou o tipo de desajuste psíquico, mas, sobretudo, a busca de sentido que cada um carrega dentro de si mesmo, como uma contínua tensão dinâmica, orientada para o desenvolvimento humano e vocacional[53].

Do ponto de vista vocacional, o psicodiagnóstico motiva o sujeito e o contexto formativo permanente a orientar e progredir em direção a um objetivo bem determinado, apesar dos obstáculos e eventos adversos que possam surgir ao longo do caminho formativo/vocacional. Dessa forma, o presbítero ou o religioso consagrado pode se conscientizar de que pode mudar em um determinado momento, seja ele motivado por uma problemática psicológica específica, ou pelas mudanças vindas nas diversas fases da existência. Tal compreensão psicodiagnóstica contribui para evitar a redução dos sujeitos

---

52. DEL CORE, G. Psicologia e vocazione: Quale rapporto? – Possibilità e limiti dell'intervento. *In*: CALTEMI, T.; LUPARIA, M.E.; PALUZZI, S. (orgs.). *Gli dei morti son diventati malattie – Psichiatria, psicologia e teologia in dialogo*. Roma: Sodec, 2002, p. 5.
53. SANAGIOTTO, V. JOSEPH, J. Aspetti educativi e risposta vocazionale. *In*: GRAMMATICO, S. (org.). *Vocazione: prospettiva di vita e aspetti educativi*. Roma: Rogate, 2022.

a uma categoria diagnóstica padronizada, buscando, ao invés, novas oportunidades de sentido existencial. Esse é o objetivo do psicodiagnóstico na perspectiva formativa: implementar uma dinâmica transformadora que vá da conscientização das necessidades individuais à construção de novos significados que visem a globalidade de toda existência.

Graças ao processo de psicodiagnóstico na perspectiva vocacional, o presbítero ou o religioso consagrado pode retomar o próprio caminho evolutivo, para poder dar um significado projetual à própria existência. Essa processualidade considera os eventos individuais que causaram o sofrimento para recuperar a capacidade de simbolizar, transformar e criar, em colaboração e em harmonia com os demais; no contexto eclesial referimo-nos à vida comunitária ou à fraternidade presbiteral. Esta perspectiva tem um valor vocacional, porque motiva o sujeito a sair de uma concepção determinista dos problemas psicológicos, para avançar para uma nova forma de viver. É uma necessidade primordial, que impulsiona cada presbítero ou religioso consagrado para uma qualidade de vida, para a capacidade de integrar-se em uma evolução constante e criativa.

Essa aspiração à mudança envolve uma compreensão diferente dos fatores presentes na personalidade (categorias diagnósticas), pois estimula o presbítero ou o religioso consagrado, por meio de um planejamento formativo, a sair da compreensão "confortável" da problemática psicológica. O objetivo do psicodiagnóstico na perspectiva vocacional é estimular a natureza transformadora da escolha vocacional. Em outras palavras, é a redescoberta do planejamento vocacional ao interno de toda a existência.

Dessa forma, novos elementos de natureza formativa são introduzidos no psicodiagnóstico, na perspectiva vocacional: antes de tudo, a dimensão histórica, mas também a dimensão evolutiva. A dimensão histórica permite identificar a continuidade pela qual é possível explicar por que alguém possui determinadas características. A dimensão evolutiva, por sua vez, permite compreender as mudanças ocorridas ao longo do tempo e que, portanto, podem continuar presentes na história de alguém.

A combinação destas duas dimensões, ou seja, a histórica e a evolutiva, permite distinguir o particular na unidade, não só como componente categórico e estrutural da personalidade, mas também como dinamismo prospectivo

169

do desenvolvimento evolutivo que se faz presente na forma como cada um encara a vida. A integração destes novos elementos, como parte constitutiva do processo formativo, ajuda a reavaliar o diagnóstico psicológico – bem como qualquer outra intervenção psicológica – por meio de um trabalho qualificado de formação permanente. Isso acontece porque permite explicar como funcionam determinados comportamentos, considerados funcionais ou disfuncionais, que o presbítero ou o religioso consagrado coloca em movimento para se descrever, entendendo por que os usa.

Portanto, não basta perguntar como a pessoa é constituída ou classificar as patologias em incubação; não basta focar no que torna a personalidade estruturada como ela é, com um código distintivo específico que categoriza um certo modo de ser ou uma determinada síndrome. Também é importante considerar como a pessoa organiza a si mesma e suas relações interpessoais, para ver como pode continuar com o processo de crescimento, baseado nas características de personalidade que se destacam. E isso só é possível "observando", avaliando a forma como a pessoa encara a vida. Conhecer a pessoa em suas características atuais não é tudo, mas é o ponto de partida, que ajuda a explicar sua história evolutiva.

Por isso que o psicodiagnóstico na perspectiva vocacional deve ajudar o religioso consagrado ou o presbítero a identificar as convicções mais profundas que estão presentes na estrutura de sua personalidade, e não se limitar a uma relação descritiva da pessoa. Só assim será possível facilitar a integração das diferentes dimensões de si mesmo, classificadas em tipos específicos, com os recursos à disposição do sujeito, que geralmente "escapam" às classificações diagnósticas usuais, harmonizando-os numa perspectiva evolutiva condizente com as necessidades existenciais, por vezes obscurecidas por um estilo de adaptação estereotipado e disfuncional, ligado ao passado.

Assim, o indivíduo, único em sua humanidade e em suas características básicas, pode ser protagonista das mudanças, reapropriando-se de seu projeto vocacional, redescobrindo o fundamento de sua própria existência. Da sua singularidade e capacidade de adaptação, já vivenciada ao longo do ciclo evolutivo e da sua história pessoal, surge aquela oportunidade que está em consonância com o desenvolvimento existencial.

Por isso é importante resgatar o potencial do psicodiagnóstico, pois é a partir da observação do estilo de vida que será possível integrar os elementos identificados nas categorias diagnósticas, com uma nova capacidade de adaptação, que leva em conta a dimensão vocacional das aspirações pessoais, que muitas vezes se tornam desadaptativas em um determinado estilo de envolvimento pastoral. Somente a partir desses aspectos valorativos pode-se retomar o caminho do crescimento, enriquecido por novos entendimentos e novos horizontes a serem vividos. Dessa forma, revive-se aquele desenvolvimento evolutivo em que os vários componentes da personalidade estão presentes na totalidade do seu ser real.

Estamos cientes de que não é possível classificar todos os aspectos da personalidade ou habilidades individuais, sem considerar como o indivíduo as utiliza nas diferentes fases de sua existência. Também não é possível separar a descrição de um sintoma ou psicopatologia do desenvolvimento da existência do sujeito, mesmo quando se trata de um problema definido nos critérios diagnósticos que enquadram a gravidade do comportamento. Qualquer diagnóstico estrutural, por mais preciso que seja, não pode abranger toda a variabilidade presente na história existencial do indivíduo, nem se aproximar de novos significados que possam surgir na narração da vida e das relações significativas que envolvem toda a existência.

Portanto, um psicodiagnóstico, se quisermos que seja realmente útil para a vida e para um percurso formativo (inicial ou permanente), não pode se reduzir a elencar os fatores específicos responsáveis pelo bem-estar ou mal--estar do sujeito. Isso se aplica mesmo quando o indivíduo está bem motivado, como no caso do psicodiagnóstico no início da trajetória vocacional ou no caso da síndrome de burnout, como indicamos nos resultados das pesquisas, os quais relataram altos índices de realização pessoal.

4.2 O aspecto aplicativo do psicodiagnóstico na perspectiva vocacional

A formação permanente, como sublinhamos, é de fundamental importância para que os presbíteros e os religiosos consagrados continuem a se formar na perspectiva da maturidade humana e vocacional. Quando nos referimos à práxis pastoral dos presbíteros e dos religiosos consagrados brasileiros, entre os problemas que eles provavelmente terão que enfrentar, está o envolvimento pastoral que pode se tornar disfuncional. Além de identificar os sintomas psicológicos que podem ser observados no *corpus* eclesiástico, é essencial planejar intervenções formativas permanentes, tanto para o aspecto psicoterapêutico quanto para o aspecto formativo-existencial, objetivo do psicodiagnóstico na perspectiva vocacional.

Do ponto de vista do percurso formativo dos presbíteros e dos religiosos consagrados, as diferentes fases do ciclo vocacional pressupõem assumir as tarefas institucionais que podem envolver riscos na práxis pastoral, em matéria de saúde mental. Do ponto de vista vocacional, o psicodiagnóstico permite avaliar o problema, mas também os recursos a serem utilizados para enfrentar os desafios inerentes à pastoral.

Com base nos resultados indicados nas pesquisas empíricas ao longo deste livro, consideramos que um planejamento vocacional que integre o percurso formativo e a psicologia, no caso da síndrome de burnout, deve ser feito, considerando os seguintes conteúdos:

a) o psicodiagnóstico da síndrome de burnout precisa ser feito usando os instrumentos psicológicos que ajudem a descrever a dinâmica do burnout em suas dimensões intrapessoal, interpessoal e de autoavaliação da práxis pastoral. O psicólogo, segundo o contexto do psicodiagnóstico, escolhe qual instrumento psicológico é mais adequado para usar, desde que tenha um valor clínico e científico;

b) a compreensão da dinâmica do contexto formativo da vida do presbítero ou do religioso consagrado: a instituição a que pertence, a dinâmica formativa permanente, sua relação com o sofrimento, sua relação interpessoal, o idealismo relativo à prática pastoral etc.;

c) a dinâmica do ciclo vital e do ciclo vocacional com o objetivo de compreender o nível de responsabilidade, os riscos associados à prática pastoral e as possibilidades formativas;

d) a indicação psicodiagnóstica dos fatores relevantes para o percurso formativo, em harmonia com o contexto narrativo do presbítero ou do religioso consagrado. Esta significa a transição do psicodiagnóstico para a formação permanente, permitindo aos presbíteros e aos religiosos consagrados (até mesmo à instituição religiosa ou diocese a que pertencem), abrir novos horizontes de crescimento, nos quais as estratégias de enfrentamento do burnout se inserem ao longo da existência;

e) finalmente, o desenvolvimento de um percurso avaliativo do envolvimento com a práxis pastoral, com o objetivo de acompanhar o crescimento vocacional (percurso formativo), o crescimento humano (percurso psicoterapêutico) e o bem-estar psicológico. Por se tratar de uma intervenção que visa identificar, facilitar, compreender a vivência pastoral, seria necessário um acompanhamento prolongado que avalie o percurso da maturidade humana e vocacional.

A proposta que representamos indica um caminho metodológico para desenvolver uma relação capaz de integrar a psicologia (o psicólogo, o psicoterapeuta, o uso de ferramentas psicológicas etc.), o contexto de formação eclesial (os responsáveis pelo desenvolvimento dos programas de formação) e os diferentes aspectos de natureza formativa (dimensão experiencial, relacional, humana, dimensão pastoral, dimensão espiritual, valores etc.). O desenvolvimento de projetos formativos que emergiram de um psicodiagnóstico na perspectiva vocacional ajuda-nos a compreender a dinâmica pessoal do indivíduo, mas também a dinâmica do grupo em que está inserido.

Janela interativa•

Fazendo uma síntese

Ao final do livro, convido-te a fazer uma síntese de tudo aquilo que vimos. Convido-te a recontar alguns momentos da tua vida e da tua consagração religiosa ou presbiteral.

Eu tenho _____ anos de idade. Entrei na vida religiosa consagrada ou presbiteral quando tinha _____ anos. Desde a minha ordenação presbiteral ou votos perpétuos, já se passaram _____ anos. Na minha ordenação presbiteral ou votos perpétuos, escolhi como frase _____ _____ _____ _____. Lembro que fui ordenado ou fiz os votos perpétuos nas/pelas mãos de (nome do bispo ou superior da congregação) _____ _____, no dia _____, na cidade _____ _____. O meu primeiro trabalho como padre ou religioso consagrado foi _____. Quando comecei o meu ministério pastoral, tinha em mente que ser padre ou religioso consagrado era _____ _____ _____ _____. Agora, passados esses anos, percebi que a vida religiosa consagrada ou presbiteral _____ _____ _____ _____. Se pudesse voltar alguns anos atrás, no início das minhas atividades pastorais, eu mudaria _____ _____ _____ _____. Falando de vocação, se pudesse "avaliar" a minha motivação vocacional com uma nota entre de 0 a 10, daria _____. O motivo dessa avaliação é que _____ _____ _____ _____.

VII
A síndrome de burnout: entre as características de personalidade e a gestão das emoções

Ao longo do livro, estudamos a síndrome de burnout no âmbito eclesial, enfatizando as principais características entre os presbíteros e os religiosos consagrados brasileiros. Como ponto de partida, o burnout foi apresentado na perspectiva empírica, metodologia essa que nos ajuda a estudar o fenômeno partindo dos dados recolhidos da realidade cotidiana em que vivem os presbíteros e os religiosos consagrados. Além disso, ajuda-nos a desenvolver projetos formativos que visem prevenir, principalmente quando observamos contextos formativos permanentes que conduzem a vivências pastorais consideradas patológicas.

Neste último capítulo, gostaríamos de apresentar alguns dados referentes às pesquisas empíricas. O objetivo é que, ao final deste livro, se estabeleça uma continuidade com as futuras pesquisas empíricas. Por isso, apresentamos o resultado de uma tese de doutorado recentemente publicada, na qual analisamos a síndrome de burnout entre os presbíteros e os religiosos consagrados brasileiros[1].

1 Referencial teórico

No decurso do presente livro, indicamos diversas pesquisas que confirmam a estreita correlação entre a síndrome de burnout, as características de personalidade e os aspectos emotivos.

---

1. SANAGIOTTO, V. *La sindrome di burnout tra i sacerdoti e i religiosi brasiliani: un'indagine sul campo tra i domini di personalità e la gestione delle emozioni. Op. cit.*

O burnout, a personalidade e as emoções são conceitos amplamente estudados e conectados entre si. No contexto deste capítulo, o referencial teórico será apresentado considerando duas realidades: a primeira é o burnout e os traços de personalidade; a segunda é o burnout e a inteligência emotiva. Desses dois pontos teóricos objetivamos contextualizar as nossas hipóteses de pesquisas, das quais elencaremos algumas conclusões que nos ajudem a entender a correlação entre burnout, personalidade e inteligência emotiva.

1.1 A síndrome de burnout e as características de personalidade

As pesquisas nos indicam que as características de personalidade se correlacionam significativamente com os estímulos estressantes[2]. Essa realidade foi indicada por Maslach, quando afirmou que o burnout não se manifesta do mesmo modo para todos, sendo provável que as características individuais tenham um papel fundamental no desenvolvimento patológico: o estilo pessoal, o modo de administrar os problemas, a expressão das emoções e a concepção de si mesmo são todos fatores da personalidade que são particularmente relevantes como eventos desencadeantes do burnout[3].

Em uma pesquisa longitudinal, Gustafsson et al.[4] investigaram o papel dos traços de personalidade em um grupo diagnosticado com a síndrome de burnout e outro grupo considerado de controle, sem o diagnóstico de burnout. Os resultados indicaram que a estabilidade emocional, a agilidade mental e a confiança em si mesmo, quando apresentam baixos índices, são variáveis que predizem a redução da síndrome de burnout. Em um estudo com metodologia meta-analítica[5], os autores descobriram que muitas características de personalidade estavam consistentemente relacionadas às

---

2. AUSTIN, E.; SAKLOFSKE, D.; EGAN, V. Personality, well-being and health correlates of trait emotional intelligence. *Personality and Individual Differences*, v. 38, n. 3, p. 547-558, 2005. • BARNARD, L.; CURRY, J. The relationship of clergy burnout to self-compassion and other personality dimensions. *Op. cit.*

3. MASLACH, C. *La sindrome del Burnout: il prezzo dell'aiuto agli altri. Op. cit.*

4. GUSTAFSSON, G. *et al.* Personality traits among burnt out and non-burnt out health-care personnel at the same workplaces: A pilot study. *Op. cit.*

5. ALARCON, G.; ESCHLEMAN, K.; BOWLING, N. Relationships between personality variables and burnout: a meta-analysis. *Op. cit.*

três dimensões do burnout, especificamente aos cinco grandes fatores de personalidade, medidos pelo *Big Five*.

No âmbito eclesial brasileiro, as pesquisas empíricas se concentraram nas implicações das variáveis relacionadas às práticas espirituais e aos aspectos sociodemográficos, como elencamos nos capítulos anteriores. Ainda não é possível encontrar um *corpus* literário sistemático, que considere como as características de personalidade influenciam no desenvolvimento da síndrome de burnout.

No contexto eclesial mais amplo, as pesquisas indicam que o esgotamento psicológico é encontrado principalmente entre os presbíteros e os religiosos consagrados com altos índices de idealismo, de perfeccionismo e de compulsividade[6]. Isso significa que os religiosos consagrados e os presbíteros, com altas expectativas no desempenho do ministério pastoral, tenderão a ser mais vulneráveis ao burnout justamente porque encontrarão dificuldade em estabelecer limites entre o real (contextual) e o ideal (imaginário pessoal)[7].

Em uma pesquisa realizada com 511 padres diocesanos católicos indianos[8], os autores estudaram a correlação das três escalas da síndrome de burnout (MBI-HSS) e os cinco fatores de personalidade de acordo com o *Big Five*. Os resultados revelaram uma correlação positiva e significativa (p < .01) entre o neuroticismo, a exaustão emocional ($r = .53$) e a despersonalização ($r = .50$). No que diz respeito à realização pessoal, o neuroticismo se correlaciona negativamente ($r = -.44$). Essa mesma tendência foi encontrada em outras pesquisas e em contextos socioculturais diferentes[9]. Enfim, outras

---

6. RAJ, A.; DEAN, K. Burnout and depression among catholic priests in India. *Op. cit.*

7. ISACCO, A. *et al.* A qualitative study of mental health help-seeking among Catholic priests. *Mental Health, Religion & Culture*, v. 17, n. 7, p. 741-757, 2014.

8. JOSEPH, E. *et al.* The Relationship Between Personality, Burnout, and Engagement Among the Indian Clergy. *The International Journal for the Psychology of Religion*, v. 21, n. 4, p. 276-288, 2011.

9. BURNS, J. *et al.* Psychological type profile of Roman Catholic priests: an empirical enquiry in the United States. *Pastoral Psychology*, v. 62, n. 3, p. 239-246, 2013. • GUSTAFSSON, G. *et al.* Personality traits among burnt out and non-burnt out health-care personnel at the same workplaces: A pilot study. *Op. cit.* • FRANCIS, L.; CREA, G. Work-related psychological health and psychological type: a study among Catholic priests in Italy. *Mental Health, Religion & Culture*, v. 18, n. 7, p. 593-604, 2015.

pesquisas indicaram que altos níveis de psicoticismo se correlacionam a altos níveis de exaustão emocional e de despersonalização[10].

No que diz respeito à tipologia de personalidade (introvertido e extrovertido), as pesquisas analisaram a vivência das condições de *stress* entre os introvertidos e extrovertidos[11]. A principal conclusão chegada foi que os padres introvertidos apresentam condições psicológicas favoráveis a terem relacionamento disfuncional na práxis pastoral, especificamente o burnout, se comparados com os extrovertidos. Isso se manifesta principalmente na exaustão emocional e na insatisfação com o ministério presbiteral ou a consagração religiosa.

1.2 A síndrome de burnout e a inteligência emotiva

A inteligência emocional (IE) surgiu na literatura científica há mais de trinta anos, desde que o termo ganhou destaque com o trabalho de Salovey e Mayer[12]. Os autores descreveram a IE como uma forma de inteligência social que envolve a capacidade de monitorar, discriminar e usar os sentimentos e as emoções e, a partir dessas informações, guiar os próprios pensamentos e ações, principalmente nos contextos relacionais. Com o aumento das publicações sobre o assunto, as pesquisas indicaram que as capacidades emocionais são fatores fundamentais na interação social[13]. Elas estão na base das funções sociais e comunicativas, permitindo que as pessoas se adaptem aos seus contextos de desenvolvimento[14].

Existem grupos de profissionais em que a interação e a função social são particularmente relevantes, entre os quais citamos os presbíteros e

---

10. FRANCIS, L.; JONES, S.; CRAIG, C. Personality and Religion: the relationship between psychological type and attitude toward christianity. *Op. cit.*

11. FRANCIS, L.; CREA, G. Happiness matters: exploring the linkages between personality, personal happiness, and work-related psychological health among priests and sisters in Italy. *Pastoral Psychology*, v. 67, n. 1, p. 17-32, 2017.

12. SALOVEY, P.; MAYER, J. Emotional Intelligence. *Imagination, Cognition and Personality*, v. 9, n. 3, p. 185-211, 1990.

13. MARIA, P.F. *et al.* Psychometrical properties of the "How I Think" Questionnaire (HIT-Q) in adolescents. *Psicothema*, v. 25, n. 4, p. 542-548, 2013.

14. MAVROVELI, S. *et al.* Trait emotional intelligence, psychological well-being and peer-rated social competence in adolescence. *British Journal of Developmental Psychology*, v. 25, n. 2, p. 263-275, 2007.

os religiosos consagrados, os quais estão expostos a diversas situações cotidianas difíceis de administrar: dúvidas, conflitos internos, cansaço, ansiedade[15] etc. As mudanças socioculturais dentro do ambiente eclesial, especificamente na forma como se desenvolve o ministério presbiteral, refletem a necessidade de analisar os múltiplos fatores que podem contribuir para compreender a problemática e desenvolver programas formativos na perspectiva permanente.

A capacidade deste grupo de compreender e lidar com as emoções pessoais e, mais fundamentalmente, com as daqueles que lhes foram confiados para o cuidado pastoral é de suma importância no correto desenvolvimento do seu papel social e do ministério presbiteral[16]. Há evidências de que a IE está significativamente relacionada a atitudes pró-sociais específicas[17], que são fundamentais para o trabalho dos presbíteros e dos religiosos consagrados. As pesquisas reforçam que nas relações que se estabelecem com os fiéis, ou em contextos relacionais mais amplos, é fundamental ser capaz de compreender e administrar adequadamente as próprias emoções[18]. Somada a isso, a síndrome de burnout é uma possível consequência da vivência desses múltiplos estressores[19].

1.3 Hipóteses de pesquisa

O nosso referencial teórico, que considerou as pesquisas empíricas sobre a síndrome de burnout entre os presbíteros e os religiosos consagrados, nos leva a múltiplas conclusões. A práxis pastoral pode ter uma carga emocional elevada, fazendo com que os presbíteros e os religiosos consagrados estejam

---

15. ROSSETTI, S.J.; RHOADES, C. Burnout in catholic clergy: a predictive model using psychological and spiritual variables. *Op. cit.*

16. MEAGHER, B. The effects of interpersonal differences within religious communities: a group actor-partner interdependence model of U.S. congregations. *The International Journal for the Psychology of Religion*, v. 25, n. 1, p. 74-90, 2015.

17. JIMÉNEZ, M.-I.; LÓPEZ-ZAFRA, E. Social attitudes and social adaptation among Spanish adolescents: The role of perceived emotional intelligence. *International Journal of Social Psychology*, v. 26, n. 1, p. 105-117, 2011.

18. SANAGIOTTO, V.; PACCIOLLA, A. Formação à afetividade na vida religiosa consagrada: uma investigação empírica sobre os contextos formativos. *REB*, v. 80, n. 317, p. 504-518, 2020.

19. JACKSON-JORDAN, E.A. Clergy burnout and resilience: a review of the literature. *Journal of Pastoral Care and Counselling*, v. 67, n. 1, p. 1-5, 2013.

expostos ao exaurimento emotivo, à despersonalização e a baixos níveis de satisfação pessoal, em consonância com o que tem sido apontado na literatura como a síndrome de burnout. Nos estudos mais recentes, os pesquisadores indicam que o burnout ligado à vida presbiteral e consagrada é, por um lado, de natureza interpessoal, que se refere à gestão das emoções presentes na atividade pastoral do presbítero ou do religioso consagrado e, por outro lado, de natureza intrapessoal, que se refere aos elementos constitutivos da personalidade.

Com base nas pesquisas citadas, propomos quatro hipóteses com o objetivo de compreender a relação entre a inteligência emotiva, os domínios de personalidade e a síndrome de burnout.

Hipótese 1 (H1): considera-se a hipótese de que a síndrome de burnout entre os presbíteros e os religiosos consagrados apresenta níveis clinicamente significativos (moderado-alto) nas escalas de exaustão emocional (EE), de despersonalização (DP) e de realização pessoal (PA);

Hipótese 2 (H2): considera-se a hipótese de que a síndrome de burnout (MBI-HSS) se correlaciona significativamente com as escalas da inteligência emotiva (SEIS-P);

Hipótese 3 (H3): considera-se a hipótese de que a síndrome de burnout (MBI-HSS) se correlaciona significativamente com alguns indicadores de psicopatologia, evidenciados pelas dimensões de personalidade medidas pelo PID-5 (FB);

Hipótese 4 (H4): considera-se a hipótese de que a inteligência emotiva (SEIS-P) e os domínios de personalidade com tendência psicopatológica (PID-5 [FB]) predizem a exaustão emocional (EE), a despersonalização (DP) e a redução da realização pessoal (PA).

2 Metodologia usada na pesquisa

Os dados para esta pesquisa foram recolhidos em uma amostragem por conveniência não probabilística. A escolha desse método se dá em razão da dificuldade de acesso a todos os presbíteros e religiosos consagrados que trabalham no território brasileiro. Foram previstas três etapas para definir o tipo de amostra: a) a divisão geográfica, para haver, pelo menos, representantes de todas as partes do Brasil; b) a consideração das características sociodemográficas dessas áreas geográficas; c) a escolha de algumas dioceses ou congregações religiosas para as quais foi enviado o link contendo os questionários de nossa pesquisa.

2.1 Participantes da pesquisa

Responderam à presente pesquisa 261 presbíteros e religiosos consagrados que exercem o ministério pastoral nas diversas regiões do Brasil, sendo que 9.6% do Norte, 11.6% do Nordeste, 9.9% do Centro-Oeste, 29% do Sul e 39.9% do Sudoeste. Dos participantes, 44.4% são religiosos consagrados (ordenados ou não) e 55.6% são presbíteros diocesanos. Perguntados sobre a idade, 33.4% dos participantes têm entre 30 e 40 anos de idade, 27.6% entre 41 e 50 anos de idade, 27.6% entre 51 e 65 anos de idade e 14.3% têm mais de 65 anos de idade. No que diz respeito ao tempo de consagração religiosa ou de ordenação presbiteral, 32.4% estão nos 10 primeiros anos, 28.7% entre 11 e 20 anos, 18.1% entre 21 e 30 anos e 20.8% com mais de 31 anos de votos perpétuos ou de ordenação presbiteral.

Atualmente, 60.1% dos entrevistados exercem funções relacionadas à paróquia (pároco, vigário paroquial, missionário etc.); 20.1% exercem trabalhos relacionados a funções delegadas pelas congregações religiosas ou dioceses (obra social, formação etc.); 19.8% realizam trabalhos denominados profissionais (professores, enfermeiros, pesquisadores etc.). Considerando a rotina semanal de trabalho, 8.5% dos entrevistados trabalham menos de 20 horas por semana, 23.2% trabalham até 30 horas semanais, 16.4% até 40 horas semanais, 24.6% até 50 horas por semana, 27% trabalham mais de 60 horas semanais.

2.2 Instrumentos usados na pesquisa

Investigação sociodemográfica: para ter um perfil sociodemográfico, a pesquisa procurou saber idade, região do Brasil onde desenvolve o ministério pastoral, tempo de votos perpétuos ou ordenação presbiteral, tipo de consagração, tipo de trabalho desenvolvido atualmente e horas semanais trabalhadas.

Maslach Burnout Inventory – Human Services Survey (MBI – HSS)[20]: o instrumento consiste em 22 itens divididos em três escalas: a exaustão emocional (EE), que é avaliada em uma escala de nove itens; a despersonalização (DP), que é avaliada por uma escala de cinco itens; e a realização pessoal (PA), que é avaliada em uma escala de oito itens. Os itens são avaliados em uma escala *likert* de 5 pontos[21].

Personality Inventory for DSM-5 (PID-5 – forma breve [FB]): o PID-5 avalia os traços patológicos de personalidade (critério B), do modelo híbrido, como proposto pelo DSM-5[22]. A forma breve do PID-5, usada nesta pesquisa, é composta por 25 itens e avalia os cinco grandes domínios de personalidade: afetividade negativa (AFN), distanciamento (DIS), antagonismo (ANT), desinibição (DES) e psicoticismo (PISC). A versão utilizada para este estudo foi traduzida, adaptada e validada com a população brasileira[23].

Schutte Self-Report Emotional Intelligence Test (SEIS-P)[24]: é um questionário de 33 itens, desenvolvido para medir a inteligência emocional, entendida como um conjunto de habilidades para processar informações emocionais de forma precisa e eficiente, incluindo a habilidade de perceber, assimilar, compreender e gerenciar as emoções. É dividido em quatro escalas: percepção das emoções (PE), manejo das próprias emoções (MPE), manejo das emoções dos outros (MEO) e utilização das emoções (EU). A versão utilizada nesta pesquisa foi traduzida, adaptada e convalidada na população brasileira[25].

---

20. MASLACH, C.; JACKSON, S.; LEITER, M. *Maslach Burnout Inventory manual. Op. cit.*

21. TAMAYO, M. *Relação entre a síndrome de burnout e os valores organizacionais no pessoal de enfermagem de dois hospitais públicos.* Dissertação de mestrado. Brasília: UnB, 1997.

22. AMERICAN PSYCHIATRIC ASSOCIATION. *Manual diagnóstico e estatístico de transtornos mentais: DSM-5.* Porto Alegre: Artmed, 2014.

23. OLIVEIRA, K.G.; KRUEGER, R. Validity of the DSM-5 alternative personality disorder model in brazilian clinic and non-clinic samples. *Annual Meeting of the Society for Research in Psychopathology.* Nova Orleans: Society for Research in Psychopathology, 2015.

24. SCHUTTE, N. *et al.* Development and validation of a measure of emotional intelligence. *Personality and Individual Differences*, v. 25, n. 2, p. 167-177, 1998.

25. TOLEDO, A.; DUCA, J.G.; COURY, M.I. Tradução e adaptação transcultural da versão brasileira do Schutte self-report emotional intelligence test. *Revista Brasileira de Educação Médica*, v. 42, n. 4, p. 109-114, 2018.

2.3 Procedimento usado para recolher os dados

O método usado na coleta dos dados foi a modalidade on-line, através do programa LimeSurvey, usado para a pesquisa científica. O link com os questionários da pesquisa foi enviado aos participantes por meio de diversos meios de comunicação on-line (e-mail, WhatsApp, mensagens de celular). A participação na pesquisa foi voluntária e as respostas foram mantidas anônimas e transformadas em dados estatísticos, de acordo com as normas e padrões da pesquisa científica[26]. Os critérios para inclusão foram: a) ter respondido à pesquisa até o final; e b) ter feito os votos perpétuos ou ter sido ordenado presbítero.

3 Análise dos resultados da pesquisa

3.1 Análise descritiva da síndrome de burnout

A síndrome de burnout entre os presbíteros e os religiosos consagrados, que responderam à nossa pesquisa, se caracteriza por índices médios de exaustão emocional (EE) (M = 22.61; DS = 6.05), altos índices de despersonalização (DP) (M = 10.95; DS = 3.36) e altos índices de realização pessoal (PA) (M = 31.44; DS = 3.83).

De maneira mais específica, no que diz respeito à exaustão emocional (EE), 22.5% dos presbíteros e dos religiosos consagrados acreditam que trabalham demais, sendo que 12.4% consideram seu trabalho diário muito cansativo, 17.8% declaram que trabalham além do que deveriam. Essa situação leva 16.7% deles à exaustão emocional, enquanto outros 14.7% sentem-se cansados no início da manhã, antes mesmo de começar as atividades cotidianas. Se avaliarmos a prática pastoral em termos de relacionamento com os fiéis, os itens da escala EE indicam que 11.6% dos presbíteros e dos religiosos consagrados se sentem exaustos com a atual práxis pastoral, e isso faz com que tenham pouca paciência em relação aos fiéis, porém apenas 8.6%

---

26. Todos os dados foram tratados de forma anônima, exclusivamente para fins de pesquisa científica e em conformidade com a legislação em vigor nos termos do art. 13 do regulamento EU, n. 679/2016, de 27/04/2016 (GPDR) e do D.Lgs, 30/06/2003, n. 196 (*Codice in materia di protezione dei dati personali*) e como modificado do D.Lgs, 10/08/2018, n. 101.

consideram que o trabalho direto com os fiéis os deixa estressados; por fim, apenas 5% se sentem frustrados com o que fazem.

No que se refere à escala de despersonalização (DP), 21.3% dos presbíteros e dos religiosos consagrados dizem não estarem preocupados com o que acontece com os fiéis na práxis pastoral, 16.7% sentem que a pastoral atual está deixando-os emocionalmente endurecidos, 12.8% dizem que ficaram insensíveis às pessoas depois de iniciar o atual trabalho pastoral, 10% sentem que a relação com os fiéis se tornou impessoal; finalmente 6.6% sentem que os fiéis são responsáveis pelos seus problemas.

Por fim, para a escala de realização pessoal (PA), os dados indicam que 88.8% dos presbíteros e dos religiosos consagrados relatam estarem lidando adequadamente com os problemas dos fiéis, e isso se reflete no fato de que 85.3% acreditam que podem influenciar positivamente a vida dos fiéis, criando um ambiente favorável ao desenvolvimento da práxis pastoral. Esses índices, relativamente altos, tendem a cair, embora ainda permaneçam significativos no que diz respeito ao desenvolvimento pastoral: 77.9% deles acreditam estar realizando coisas importantes no desenvolvimento pastoral, 76.8% sentem-se realizados e estimulados após passar um dia trabalhando com os fiéis. No que diz respeito ao relacionamento mais próximo com os fiéis, 74.4% dizem enfrentar os problemas emocionais com relativa tranquilidade e que entendem facilmente o que acontece no dia a dia dos fiéis. Tudo isso, porém, não ocorre sem esgotamento, visto que apenas 60.5% dos presbíteros e dos religiosos consagrados se sentem cheios de energia no exercício da pastoral.

3.2 Correlação entre as variáveis estudadas

Para melhor compreender a relação entre as variáveis estudadas, fizemos a análise da correlação utilizando o coeficiente de Pearson (r), cujo valor absoluto indica a intensidade, enquanto o sinal indica a direção da correlação. O valor de r pode variar de -1, que seria uma correlação negativa perfeita – ou seja, à medida que X aumenta, Y diminui e vice-versa –, a +1, que seria uma correlação positiva perfeita – ou seja, as duas variáveis que variam da mesma maneira –, o que significa que, à medida que X aumenta, Y também aumenta e vice-versa. O valor próximo de zero indica baixa correlação. A correlação também é definida estatisticamente com base no coeficiente de significância (p): quando *p* atinge uma pontuação entre .001 e .05, estamos diante de uma correlação significativa. Na sequência, indicamos o resultado da análise.

3.2.1 Correlação entre MBI-HSS e SEIS-P

Na análise da correlação entre a síndrome de burnout (MBI-HSS) e a inteligência emotiva (SEIS-P) observamos na tabela 1 uma correlação significativa (p < .001). Em uma primeira análise, as correlações vão na direção esperada. Mais especificamente, a exaustão emocional (EE) e a despersonalização (DP) se correlacionam negativamente com as escalas SEIS-P (PE, MPE, MEO, EU). Isso significa que a exaustão emocional e a despersonalização são inversamente proporcionais às escalas de inteligência emocional. Para a realização pessoal (PA), a direção de correlação é positiva com todas as escalas SEIS-P. Isso nos mostra que, na medida em que os índices de uma variável aumentam, a outra variável também tende a aumentar na mesma proporção.

Tabela 1 – Correlação entre as escalas do MBI-HSS e do SEIS-P

	1	2	3	4	5	6	7
1 EE	–						
2 DP	.72***	–					
3 PA	-.60***	-.58***	–				
4 PE	-.26***	-.26***	.44***	–			
5 MPE	-.43***	-.40***	.53***	.53***	–		
6 MEO	-.30***	-.31***	-.51***	.56***	.71***	–	
7 EU	-.10	-.15*	-.27***	.39***	.62***	.58***	–

* p < .05

** p < .01

*** p < .001

No contexto mais específico da intensidade da correlação entre as variáveis, observamos que a exaustão emotiva (EE) se correlaciona com maior intensidade com o "manejo das próprias emoções" (MPE) (r = -.43; p < .001) e o "manejo das emoções dos outros" (MEO) (r = -.30; p < .001). Encontramos a mesma tendência correlativa com a despersonalização (DP) que se correlaciona com a escala MPE (r = -.40; p < .001) e a escala MEO (r = -.31; p < .001).

Em relação à realização pessoal (PA), a correlação significativa e com maior intensidade foi encontrada no "manejo das próprias emoções" (MPE) (r = .53; p < .001), com o "manejo das emoções dos outros" (MEO) (r = .51; p < .001) e com a "percepção das emoções" (PE) (r = .44; p < .001). No que diz respeito aos dados apresentados na tabela 1, sublinha-se que a correlação com maior intensidade, em se tratando das escalas MBI-HSS, foram o "manejo das próprias emoções" (MPE), seguida da escala do "manejo das emoções dos outros" (MEO). Isso nos indica que a síndrome de burnout entre os presbíteros e os religiosos consagrados brasileiros está mais relacionada ao manejo das emoções, seja as próprias do que as dos outros.

3.2.2 Correlação entre MBI-HSS e PID-5 (FB)

No que diz respeito à correlação entre MBI-HSS e PID-5 (FB), os resultados foram significativos (p < .001). Observamos na tabela 2 que a correlação é positiva entre a exaustão emocional (EE), a despersonalização (DP) e as escalas PID-5 (FB). Isso nos mostra que o nível de comprometimento da personalidade corresponde ao nível de comprometimento do burnout, especificamente nas escalas EE e DP. Quanto à realização pessoal (PA), a correlação é negativa, com as escalas PID-5 (FB). Novamente, a correlação vai na direção esperada, ou seja, quanto maior o nível de comprometimento da personalidade, menor o nível de realização pessoal.

No contexto mais específico, a exaustão emocional (EE) correlaciona-se com maior intensidade com o domínio de personalidade "afetividade negativa" (AFN) (r = .43; p < .001) e "distanciamento" (DIS) (r = .33; p < .001). Observamos a mesma tendência com a despersonalização

(DP), que se correlaciona com maior intensidade com a "afetividade negativa" (AFN) (r = .33; p < .001), com o "distanciamento" (DIS) (r = .37; p <. 001) e com o "psicoticismo" (PSIC) (r = .32; p < .001). Em relação à realização pessoal (PA), a correlação é de maior intensidade com a "afetividade negativa" (AFN) (r = -.35; p < .001), com o "distanciamento" (DIS) (r = -.34; p <.001) e com a "desinibição" (DES) (r = -.33; p < .001).

Tabela 2 – Correlação entre as escalas do MBI-HSS e do PID-5 (FB)

	1	2	3	4	5	6	7	8
1 EE	–							
2 DP	.72***	–						
3 PA	-.60***	-.58***	–					
4 AFN	.43***	.33***	-.35***	–				
5 DIS	.33***	.37***	-.34***	.43***	–			
6 ANT	.27***	.28***	-.22***	.46***	.45***	–		
7 DES	.21***	.25***	-.33***	.42***	.45***	.38***	–	
8 PSIC	.22***	.32***	-.24***	.45***	.52***	.52***	.42***	–

* p < .05

** p < .01

*** p < .001

3.2.3 Correlação entre SEIS-P e PID-5 (FB)

Finalmente, a correlação entre SEIS-P e PID-5 (FB) é significativa (p < .05) e de baixa intensidade, exceto para a escala "uso das emoções" (EU), que não é significativa para todas as escalas PID-5 (FB). Observamos que as correlações, quando significativas, vão na direção esperada, ou seja, as correlações entre as escalas SEIS-P e PID-5 (FB) são negativas, indicando que os domínios da personalidade tenderão a ser influenciados pelo nível de inteligência emocional. De maneira mais específica, sublinhamos que, para o "antagonismo" (ANT), a correlação é significativa apenas com a escala "percepção de emoções" (PE) (r = -.18; p < .01).

Tabela 3 – Correlação entre as escalas do SEIS-P do PID-5 (FB)

	1	2	3	4	5	6	7	8	9
1 PE	–								
2 MPE	.53***	–							
3 MEO	.56***	.71***	–						
4 EU	.39***	.62***	.58***	–					
5 AFN	-.19**	-.26***	-.14*	.03	–				
6 DIS	-.29***	-.30***	-.33***	-.01	.43***	–			
7 ANT	-.18**	-.10	-.07	.10	.46***	.45***	–		
8 DES	-.28***	-.21**	-.26***	-.04	.42***	.45***	.38***	–	
9 PSIC	-.18**	-.12*	-.19**	.08	.45***	.52***	.52***	.42***	–

* $p < .05$

** $p < .01$

*** $p < .001$

3.3 Aspectos preditivos da síndrome de burnout

Um importante aspecto da pesquisa em psicologia é estudar as variáveis que predizem uma determinada psicopatologia. Para fazer essa análise usamos a regressão linear múltipla, que é uma análise estatística capaz de determinar se, entre todas as variáveis analisadas, existe alguma que possa ser considerada preditiva (e, portanto, variável independente [VI]) em relação a uma outra variável, resultando, portanto, dependente (VD). A regressão permite verificar se o VI explica ou influencia o VD e não vice-versa.

Nas análises a seguir utilizaremos o modelo de regressão linear múltipla hierárquica para verificar o impacto das variáveis independentes em cada uma das escalas do MBI-HSS, consideradas como variáveis dependentes (EE, DP e PA). Para cada variável dependente, estudaremos três modelos. O primeiro modelo permite verificar o quanto as variáveis sociodemográficas predizem a síndrome de burnout. Para esta análise foram consideradas as variáveis "idade" e "quantidade de horas trabalhadas", que apresentaram correlações significativas em relação aos instrumentos psicológicos usados na pesquisa. Para o segundo modelo introduzimos, para além das variáveis independentes do primeiro modelo, as quatro escalas do SEIS-P: "manejo das próprias emoções" (MPE), "manejo das emoções dos outros" (MEO), "utilização das emoções" (UE) e "percepção das emoções" (PE). Para o terceiro modelo, além das variáveis acrescentadas aos modelos anteriores, consideraremos as variáveis do PID-5 (FB): "afetividade negativa" (AFN), "distanciamento" (DIS), "antagonismo" (ANT), "desinibição" (DES) e "psicoticismo" (PISC). Na sequência, seguem os resultados das análises.

3.3.1 Aspectos preditivos da exaustão emocional (EE)

Na primeira análise estudamos os efeitos preditivos das variáveis socio-demográficas, da inteligência emotiva (SEIS-P) e dos domínios de personalidade (PID-5 [FB]) (consideradas variáveis independentes) sobre a exaustão emocional (EE) (considerada como variável dependente).

Na tabela 4 observamos que o modelo 3 explica 38.6% (R^2 = .386) da variância total da exaustão emocional (EE), que resulta estatisticamente significativo, F (11,249) = 14.213; p = .000. Mais especificamente, o modelo 3 nos indica que o efeito da *idade* é negativo e significativo (β = -.199; t (249) = -3.878; p = .000), porém é positivo e significativo para a quantidade de horas trabalhadas (β = .164; t (249) = 3.270; p = .001). Especificamente, a idade explica cerca de -24% (sr^2 = -.239) da variância da exaustão emocional (EE) e cerca de -19% da variância não explicada pelas outras variáveis, presentes no modelo 3 (pr^2 = -.193); enquanto a variável *quantidade de horas trabalhadas* explica cerca de 20% (sr^2 = .203) da variância da exaustão emocional (EE) e cerca de 16% (pr^2 = .162) da variância não explicada pelas outras variáveis. A partir dos resultados obtidos, podemos concluir que, quanto maior for a idade, menor será a exaustão emocional. Do mesmo modo, com o aumento das horas trabalhadas, aumenta a tendência à exaustão emocional.

Tabela 4 – Regressão linear múltipla hierárquica com a escala EE como variável dependente

Variáveis	Modelo 1			Modelo 2			Modelo 3			p
	B	β	p	B	β	p	B	β	P	
Idade	(-1.03)	-.191	.002	(-.915)	-.170	.002	(-1.07)	-.199	-3.878	.000
H. trab.	(.742)	.163	.007	(.732)	.161	.003	(.748)	.164	3.270	.001
MPE				(-.665)	-.499	.000	(-.462)	-.347	-4.234	.000
PE				(-.080)	-.066	.315	(-.026)	-.021	-.335	.738
MEO				(-.132)	-.89	.279	(-.199)	-.080	-.998	.319
EU				(.549)	.311	.000	(.322)	.183	2.617	.009
AFN							(3.025)	.272	4.327	.000
DIS							(1.546)	.139	2.075	.039
ANT							(.659)	.055	.858	.392
DES							(-770)	-.059	-.972	.332
PSIC							(-317)	-.023	-.355	.723
ANOVA	F (2,258) = 9.117; p = .000			F (6,254) = 17.092; p = .000			F (11,249) = 14.213; p = .000			
R^2	.066			.288			.386			

No que diz respeito ao efeito preditivo das escalas de inteligência emotiva (SEIS-P) sobre a exaustão emocional (EE), observamos na tabela 4 que é negativo e significativo para o *manejo das próprias emoções* (MPE) (β = -.347; t (249) = -4.234; p = .000) e positivo e significativo para a *utilização das emoções* (EU) (β = .183; t (249) = 2.617; p = .09). Em particular, a escala MPE explica cerca de -26% (sr^2 = -.259) da variância da exaustão emocional (EE) e cerca de -21% (pr^2 = -.210) da variância não explicada pelas outras escalas presentes no modelo estudado; a variável EU explica cerca de 16% (sr^2 = .164) da variância da exaustão emocional (EE) e 13% (pr^2 = .130) da variância não explicada pelas demais escalas do modelo 3. Os resultados alcançados pela nossa pesquisa indicam que um maior manejo das emoções tem o efeito de reduzir a exaustão emocional, enquanto o aumento do uso das emoções tende a aumentar os níveis de exaustão emocional.

Por fim, a análise do efeito preditivo do PID-5 (FB) sobre a exaustão emocional (EE) é positiva e significativa para a *afetividade negativa* (AFN) (β = .272; t (249) = 4.327; p = .000) e para o domínio de personalidade *distanciamento* (DIS) (β = .139; t (249) = 2.075; p = .039). A afetividade negativa explica cerca de 26% (sr^2 = .264) da variância da exaustão emocional (EE) e cerca de 21% (pr^2 = .215) da variância não explicada pelas outras escalas do modelo 3. Os resultados da nossa pesquisa indicam que experiências frequentes e intensas de altos níveis de uma ampla gama de emoções negativas, tanto em nível comportamental quanto interpessoal, aumentam a exaustão emocional.

3.3.2 Aspectos preditivos da despersonalização (DP)

Na segunda análise estudamos os efeitos preditivos das variáveis sociodemográficas, da inteligência emotiva (SEIS-P) e dos domínios de personalidade (PID-5 [FB]) (consideradas variáveis independentes) sobre a despersonalização (DP) (considerada como variável dependente).

Como podemos observar na tabela 5, o modelo 3 explica 30.5% (R^2 = .305) da variância total da despersonalização, que resulta estatisticamente significativo, $F (11,249)$ = 9.943; p = .000. A variável sociodemográfica *idade* prediz negativa e significativamente a despersonalização (DP), β = -.187; $t (249)$ = -3.426; p = .001. A idade explica cerca de -21% (sr^2 = -.212) da variância da despersonalização e cerca de -18% (pr^2 = -.181) da variância não explicada pelas outras variáveis do modelo 3. Isso significa que, quanto menor for a idade, maiores serão os níveis de despersonalização.

No que diz respeito ao efeito da inteligência emocional (SEIS-P), observamos que o *manejo das próprias emoções* (MPE) resulta negativo e significativo, β = -.309; $t (249)$ = -3.539; p = .000. Especificamente, a escala MPE explica cerca de -22% (sr^2 = -.219) da variância da despersonalização (DP) e cerca de -19% (pr^2 = -.187) da variância não explicada pelas outras variáveis do modelo 3. Os resultados nos indicam que uma melhor gestão das próprias emoções tem o efeito de reduzir os níveis de despersonalização.

Em relação ao efeito preditivo dos domínios de personalidade (PID-5 [FB]) sobre a despersonalização (DP), observamos na tabela 5 que o *distanciamento* (DIS) resulta positivo e significativo, β = .172; $t (249)$ = 2.415; p = .016. A variável DIS explica cerca de 15% (sr^2 = .151) da variância da despersonalização (DP) e cerca de 13% (pr^2 = .128) da variância não explicada pelas demais escalas do modelo 3. Os dados indicam que evitar experiências socioemocionais – que incluem tanto o afastamento das interações interpessoais quanto uma capacidade reduzida de sentir e expressar afetos, particularmente uma capacidade limitada de sentir prazer – prediz o aumento nos níveis de despersonalização.

Tabela 5 – Regressão linear múltipla hierárquica com a escala DP como variável dependente

Variáveis	Modelo 1			Modelo 2			Modelo 3			p
	B	β	p	B	β	p	B	β	p	
Idade	(-.521)	-.191	.005	(-.448)	-.150	.008	(-.560)	-.187	-3.426	.001
H. trab.	(-.007)	.163	.962	(-.019)	-.008	.892	(.024)	.009	.174	.862
MPE				(-.307)	-.415	.000	(-.228)	-.309	-3.539	.000
PE				(-.034)	-.050	.471	(-.005)	-.008	-.117	.907
MEO				(-.085)	-.103	.238	(-.026)	-.031	-.364	.716
EU				(.198)	.202	.007	(.057)	.058	.777	.438
AFN							(.641)	.103	1.551	.122
DIS							(1.064)	.172	2.415	.016
ANT							(.406)	.060	.893	.373
DES							(-.104)	-.014	-.223	.824
PSIC							(.909)	.121	1.724	.086
ANOVA	F (2,258) = 4.012; p = .000			F (6,254) = 11.116; p = .000			F (11,249) = 14.213; p = .000			
R²	.030			.208			.305			

3.3.3 Aspectos preditivos da realização pessoal (PA)

Na terceira análise estudamos os efeitos preditivos das variáveis sociode-mográficas, da inteligência emotiva (SEIS-P) e dos domínios de personalidade (PID-5 [FB]) (consideradas variáveis independentes) sobre a realização pessoal (PA) (considerada como variável dependente).

Na tabela 6 observamos que o modelo 3 explica cerca de 43% (R^2 = .427) da variância total da realização pessoal (PA), que resulta significativo, $F_{(11,249)}$ = 16.849; p = .000. O efeito da *idade* resulta positivo e significativo, β = .156; t (249) = 3.144; p = .002. Especificamente, a idade explica cerca de 19% (sr^2 = .195) da variância da realização pessoal (PA) e cerca de 15% (pr^2 = .151) da variância não explicada pelas outras variáveis do modelo 3. Podemos concluir que, com o aumento da idade, aumentam os níveis de realização pessoal com a práxis pastoral.

Tabela 6 – Regressão linear múltipla hierárquica com a escala PA como variável dependente

Variáveis	Modelo 1			Modelo 2			Modelo 3			p
	B	β	p	B	β	p	B	β	p	
Idade	(.575)	.168	.007	(.465)	.136	.007	(.532)	.156	3.144	.002
H. trab.	(.023)	.008	.898	(.015)	.005	.916	(.012)	.004	.085	.932
MPE				(.300)	.356	.000	(.217)	.258	3.253	.001
PE				(.124)	.162	.009	(.088)	.115	1.887	.060
MEO				(.255)	.272	.001	(.230)	.245	3.141	.002
EU				(-.206)	-.184	.006	(-.100)	-.089	-1.321	.188
AFN							(-1.158)	-.164	-2.708	.007
DIS							(-526)	-.075	-1.154	.250
ANT							(-.096)	-.013	-.205	.838
DES							(-.703)	-.084	-1.450	.148
PSIC							(.100)	.012	.184	.854
ANOVA	$F_{(2,258)} = 3.750$; p =			$F_{(6,254)} = 25.196$; p =			$F_{(11,249)} = 16.849$; p =			
	.025			.000			.000			
R2	.028			.373			.427			

No que diz respeito ao efeito preditivo da inteligência emotiva (SEIS-P) sobre a realização pessoal (PA), resulta positivo e significativo para o *manejo das próprias emoções* (MPE) ($\beta = .258$; t (249) = 3.253; p = .001) e para o *manejo das emoções dos outros* (MEO) ($\beta = .245$; t (249) = 3.141; p = .002). Especificamente, o MPE explica cerca de 20% ($sr^2 = .202$) da variância da realização pessoal (PA) e cerca de 16% ($pr^2 = .156$) da variância não explicada pelas outras variáveis do modelo 3, enquanto a variável MEO explica cerca de 19% ($sr^2 = .195$) da variância na escala de PA e cerca de 15% ($pr^2 = .151$) da variância não explicada pelas outras variáveis do modelo 3. Os resultados indicam que gerenciar as próprias emoções e reconhecer as emoções dos outros prediz a realização pessoal no desenvolvimento da práxis pastoral.

Para concluir nossa análise, observamos na tabela 6 que o efeito preditivo do domínio da personalidade *afetividade negativa* (AFN) sobre a realização pessoal (PA), resulta negativo e significativo, $\beta = -.164$; t (249) = -2.708; p = .007. A afetividade negativa (AFN) explica cerca de 17% ($sr^2 = .169$) da variância da realização pessoal (PA) e 13% ($pr^2 = .130$) da variância não explicada pelas outras variáveis consideradas no modelo 3. Do resultado obtido, podemos concluir que experiências frequentes e intensas de altos níveis de emoções negativas reduzem o sentimento de realização pessoal no desenvolvimento da prática pastoral.

4 Análise das hipóteses de pesquisa

4.1 Análise diagnóstica da síndrome de burnout

A pesquisa anterior, que considerou a síndrome de burnout entre os presbíteros e os religiosos consagrados brasileiros[27], registrou média de 15.40 (DP = 11.08) para a exaustão emocional (EE), média de 4.50 (DP = 4.63) para a despersonalização (PD) e média de 39.15 (DP = 7.68) para realização pessoal (PA). Esses valores indicam um baixo nível de exaustão emocional, um nível igualmente baixo de despersonalização e um nível médio de realização pessoal. Considerando a amostra de outros estudos realizados no continente sul-americano, os resultados estão entre médio-baixo para exaustão emocional (média entre 13.57 e 18.88), para despersonalização (entre 4.07 e 7.83) e para realização pessoal (média entre 12.01 a 39.15)[28]. Com base nesses dados de pesquisas anteriores, havíamos hipotetizado *que a síndrome de burnout entre os presbíteros e os religiosos consagrados apresentaria níveis clinicamente significativos (moderado-alto) nas escalas de exaustão emocional (EE), de despersonalização (DP) e de realização pessoal (PA).*

A partir da análise descritiva da síndrome de burnout entre os presbíteros e os religiosos consagrados brasileiros, destacamos que, de acordo com nossos dados, a nossa amostra se caracteriza por um nível médio de exaustão emocional (EE) (M = 22.61; DS = 6.05), o que corresponde a 42.6% (N = 110) das respostas, alto nível de despersonalização (DP) (M = 10.95; DP = 3.36), que corresponde a 77.1% (N = 199) das respostas, e alto nível de realização pessoal (PA) (M = 31.44; DP = 3.83), o que corresponde a 72.5% (N = 187). Os resultados obtidos confirmam a nossa hipótese de pesquisa.

---

27. DIAS, R. Burnout among catholic priests in Brazil: prevalence and associated factors. *Op. cit.*

28. SANAGIOTTO, V. *La sindrome di burnout tra i sacerdoti e i religiosi brasiliani: un'indagine sul campo tra i domini di personalità e la gestione delle emozioni. Op. cit.*

O resultado de nossa pesquisa, quando comparado com os resultados de pesquisas anteriores entre os presbíteros e os religiosos consagrados brasileiros, indicou níveis mais altos de exaustão emocional, de despersonalização e de realização pessoal. Se compararmos com os dados de burnout entre os presbíteros e os religiosos consagrados norte-americanos, notamos que nossa pesquisa apresentou resultados semelhantes para a exaustão emocional, a despersonalização e a realização pessoal. Para uma análise mais precisa, apresentamos na tabela 7 a comparação com os valores das pesquisas realizadas anteriormente, no âmbito eclesial brasileiro.

Conforme indicado por pesquisadores citados neste capítulo, a exaustão emocional é um sinal evidente do burnout entre os presbíteros e os religiosos consagrados, pois indica o desenvolvimento de uma dinâmica intrapessoal que pode levar ao sofrimento psíquico. A despersonalização é caracterizada pelo relacionamento interpessoal, indicando o quanto alguém se distancia do trabalho desenvolvido, quanto das pessoas com quem trabalha.

Tabela 7 – Confronto dos resultados do MBI-HSS no âmbito eclesial brasileiro

Autores	N	EE			DP			PA		
		M	DS	α	M	DS	α	M	DS	α
Sanagiotto & Pacciolla (2022)[29]	400	23.24	6.78	.91	11.35	3.58	.73	31.24	4.29	.84
Sanagiotto (2022)[30]	261	22.61	6.05	.89	10.95	3.36	.74	31.44	3.83	.82
Sanagiotto et al. (2022)[31]	147	22.09	6.14	.89	9.94	3.02	.65	31.04	3.88	.54
Dias (2019)[32]	242	15.40	11.08	.88	4.50	4.63	.72	39.15	7.68	.76
Morais (2008)[33]	103	-	-	.86	-	-	.68	-	-	.78

29. SANAGIOTTO, V.; PACCIOLLA, A. Exaustos, porém realizados! – Análise descritiva da síndrome de burnout entre os padres e religiosos brasileiros. *Op. cit.*

30. SANAGIOTTO, V. *La sindrome di burnout tra i sacerdoti e i religiosi brasiliani: un'indagine sul campo tra i domini di personalità e la gestione delle emozioni. Op. cit.*

31. SANAGIOTTO, V.; CAMARA, C.; PACCIOLLA, A. A síndrome de burnout na vida religiosa consagrada feminina: as contribuições da vida em comunidade. *Op. cit.*

32. DIAS, R. Burnout among catholic priests in Brazil: prevalence and associated factors. *Op. cit.*

33. MORAIS, M.F. *Stress, burnout, coping em padres responsáveis pela formação de seminaristas católicos. Op. cit.*

Em relação à realização pessoal, encontramos uma diferença com os critérios diagnósticos, conclusão indicada pelas pesquisas anteriores[34]. O critério de observação usado para responder os itens da escala de realização pessoal (PA) tende a avaliar aquilo que, no contexto eclesial, se considera como característica específica da vocação e, portanto, tende a ser superestimado, enquanto, ao mesmo tempo, a realidade vivida é subestimada. Em outras palavras, quando os presbíteros e os religiosos consagrados avaliam a relação com as pessoas, característica da prática pastoral, indicam estarem despersonalizados; porém, quando avaliamos a realização pessoal, eles se consideram realizados. Esses resultados parecem confirmar o que emergiu da literatura, ou seja, em última análise, os presbíteros e os religiosos consagrados se sentem exaustos e ao mesmo tempo realizados com aquilo que fazem[35].

4.2 Análise da correlação entre as variáveis estudadas

No início do capítulo havíamos aventado a hipótese que as escalas do MBI-HSS, do SEIS-P e do PID-5 (FB) se correlacionariam significativamente entre si. As nossas hipóteses foram confirmadas. O MBI-HSS se correlaciona significativamente com SEIS-P e com PID-5 (FB) (da tabela 1 até tabela 3). Em sentido mais restrito, a exaustão emocional (EE) e a despersonalização (DP) se correlacionam negativamente e de maneira significativa com as escalas SEIS-P, indicando que, na medida em que aumenta a inteligência emocional, a exaustão emocional e a despersonalização diminuem. Em relação à correlação com o PID-5 (FB), é demonstrada positiva, indicando que o nível de comprometimento do domínio de personalidade corresponde ao nível da exaustão emocional (EE) e da despersonalização (DP). No que se refere à realização pessoal (PA), a correlação é positiva com as escalas SEIS-P, indicando que o aumento da inteligência emotiva corresponde ao aumento da realização pessoal. Por fim, a realização pessoal (PA) se correlaciona negativamente com as escalas PID-5 (FB), indicando-nos que o

---

34. DOOLITTLE, B. Burnout and coping among parish-based clergy. *Mental Health, Religion & Culture*, v. 10, n. 1, p. 31-38, 2007.

35. SANAGIOTTO, V.; PACCIOLLA, A. Exaustos, porém, realizados! – Análise descritiva da síndrome de burnout entre os padres e religiosos brasileiros. *Op. cit.*

domínio de personalidade, quando disfuncional, afetará o nível de realização pessoal dos presbíteros e dos religiosos consagrados.

4.3 Análise dos aspectos preditivos da síndrome de burnout

Com o objetivo de compreender se a inteligência emotiva (SEIS-P) e os domínios de personalidade com tendência patológica (PID-5 [FB]) predizem a exaustão emocional (EE), a despersonalização (DP) e a redução da realização pessoal (PA), fizemos a análise de regressão linear múltipla hierárquica. A nossa hipótese foi confirmada.

Com base nos modelos estudados, podemos concluir que a exaustão emocional (EE), no que diz respeito às variáveis sociodemográficas (tabela 4), é predita pela "quantidade de horas trabalhadas" e pela "idade"; por quanto concerne à inteligência emotiva, é predita pelo "manejo das próprias emoções" (MPE) e pelo "uso das emoções" (EU); no que diz respeito aos domínios de personalidade, é predita pela "afetividade negativa" (AFN) e pelo "distanciamento" (DIS).

A despersonalização (DP) (tabela 5) é predita pela variável sociodemográfica "idade"; pelo "manejo das próprias emoções", no que diz respeito à inteligência emotiva; enfim, no que diz respeito aos domínios de personalidade, pelo "distanciamento" (DIS). Finalmente, a realização pessoal (PA) (tabela 6) é predita pela variável sociodemográfica "idade"; pelo "manejo das próprias emoções" (MPE) e pelo "manejo das emoções dos outros" (MEO), enquanto inteligência emotiva; enfim, no que diz respeito aos domínios de personalidade, a realização pessoal é predita pela "afetividade negativa" (AFN).

5 Síntese conclusiva

Nossa pesquisa indicou o importante papel dos domínios de personalidade no desenvolvimento da síndrome de burnout, mas também o papel preventivo da inteligência emotiva. Parece-nos fundamental que no psicodiagnóstico na perspectiva formativa, como abordamos no capítulo VI, sejam consideradas as características de personalidade e a inteligência emotiva no processo de compreensão da síndrome de burnout na práxis pastoral dos presbíteros e dos religiosos consagrados brasileiros.

De fato, as pesquisas indicam que a dificuldade no uso e no processamento das informações emotivas é um fator-chave na maioria dos transtornos mentais[36]. O fato é que existe uma correlação significativa entre inteligência emotiva e os sintomas em pessoas diagnosticadas com diferentes psicopatologias. Isso nos indica que pacientes com psicopatologias apresentam inteligência emocional reduzida em relação ao restante da população. No complexo corpo teórico das pesquisas, os resultados indicam que não apenas a falta de habilidades emotivas influencia o fato de sofrer de algum transtorno psicopatológico, mas que a percepção da incapacidade de administrar as emoções também é um fator de vulnerabilidade[37]. A partir desta constatação, reiteramos a importância de apoiar os presbíteros e os religiosos consagrados com uma formação permanente que lhes permita desenvolver a capacidade de administrar as emoções.

Do ponto de vista psicoterapêutico, promover o crescimento emotivo significa capacitar o indivíduo a perceber, a assimilar, a compreender e a regular as próprias emoções, principalmente nas relações interpessoais. Tal abordagem oferece uma estrutura diferente para considerar a adaptação social e emocional, de modo que a inteligência emotiva desempenhe um papel fundamental na capacidade de manter relacionamentos interpessoais. Com base nesse pressuposto teórico, podemos concluir que a intervenção psicoterapêutica e formativa no desenvolvimento da inteligência emotiva dos presbíteros e religiosos consagrados visa capacitá-los a enfrentar os desafios vindos da realidade pastoral.

Em relação à síndrome de burnout, de acordo com os resultados de nossa pesquisa, a formação precisa considerar a inteligência emotiva, que nos diz quais habilidades são necessárias para completar com sucesso o ciclo de vivência na prática pastoral, sem que isso se torne fonte de sofrimento psíquico. Isso é importante, porque os diferentes transtornos psicopatológicos podem ser entendidos como uma tentativa ineficaz de adaptação que bloqueia, dispersa ou perturba a capacidade emotiva. Nesse sentido, a exploração da

---

36. LIZERETTI, N.; EXTREMERA, N.; RODRÍGUEZ, A. Perceived emotional intelligence and clinical symptoms in mental disorders. *The Psychiatric Quarterly*, v. 83, p. 407-418, 2012.

37. *Ibid.*

personalidade e das suas diferentes dimensões adquire particular relevância. Compreender a personalidade como um estilo particular ou forma de satisfazer as necessidades afetivas é a base sobre a qual os sintomas adquirem sentido.

Enfim, este capítulo teve como objetivo estudar a síndrome de burnout entre os presbíteros e os religiosos consagrados brasileiros, tendo como teorias auxiliares as características de personalidade e a inteligência emotiva. Para tanto, propusemo-nos quatro hipóteses, das quais uma se referia às características diagnósticas da síndrome de burnout entre os presbíteros e os religiosos consagrados (H1), três hipóteses que analisavam a correlação entre as variáveis estudadas (da H2 até H3) e, enfim, uma hipótese que analisou como a inteligência emotiva e os domínios de personalidade predizem a síndrome de burnout (H4). A síntese da nossa análise apresentamos na tabela que segue.

Tabela 8 – Síntese dos resultados da análise das hipóteses

Hipótese 1 (H1): considera-se a hipótese de que a síndrome de burnout entre os presbíteros e os religiosos consagrados apresenta níveis clinicamente significativos (moderado-alto) nas escalas de exaustão emocional (EE), despersonalização (DP) e realização pessoal (PA);	Confirmada
Hipótese 2 (H2): considera-se a hipótese de que a síndrome de burnout (MBI-HSS) se correlaciona significativamente com as escalas da inteligência emotiva (SEIS-P);	Confirmada
Hipótese 3 (H3): considera-se a hipótese de que a síndrome de burnout (MBI-HSS) se correlaciona significativamente com alguns indicadores de psicopatologia, evidenciados pelas dimensões de personalidade medidas pelo PID-5 (FB);	Confirmada
Hipótese 4 (H4): considera-se a hipótese de que a inteligência emotiva (SEIS-P) e os domínios de personalidade com tendência psicopatológica (PID-5 [FB]) predizem a exaustão emocional (EE), a despersonalização (DP) e a redução da realização pessoal (PA).	Confirmada

Referências

ADAMS, C.; JEAN, R.; HOUGH, H. *et al*. Clergy burnout: a comparison study with other helping professions. *Pastoral Psychology*, v. 66, n. 2, p. 147-175, 2016.

ALARCON, G.; ESCHLEMAN, K.; BOWLING, N. Relationships between personality variables and burnout: a meta-analysis. *Work & Stress*, v. 23, n. 3, p. 244-263, 2009.

AMERICAN PSYCHIATRIC ASSOCIATION. *Manual diagnóstico e estatístico de transtornos mentais: DSM-5*. Porto Alegre: Artmed, 2014.

AUSTIN, E.; SAKLOFSKE, D.; EGAN, V. Personality, well-being and health correlates of trait emotional intelligence. *Personality and Individual Differences*, v. 38, n. 3, p. 547-558, 2005.

BAIOCCO, R. *Il rischio psicosociale nelle professioni di aiuto*. Gardolo: Erickson, 2004.

BARNARD, L.; CURRY, J. The relationship of clergy burnout to self-compassion and other personality dimensions. *Pastoral Psychology*, v. 61, n. 2, p. 149-163, 2012.

BENTO XVI. *Discurso do Papa Bento XVI aos superiores e às superioras-gerais dos institutos de vida consagrada e das sociedades de vida apostólica*. Vaticano. Disponível em: https://www.vatican.va/content/benedict-xvi/pt/speeches/2006/may/documents/hf_ben-xvi_spe_20060522_vita-consacrata.html

BENTO XVI. *Abertura do Ano Sacerdotal no 150° aniversário da morte de São João Maria Vianney*. Vaticano. Disponível em: https://www.vatican.va/content/benedict-xvi/pt/homilies/2009/documents/hf_ben-xvi_hom_20090619_anno-sac.html

BENTO XVI. *Carta de proclamação do Ano Sacerdotal por ocasião do 150° aniversário do "dies natalis" de João Maria Vianney*. Vatican. Disponível em: https://www.vatican.va/content/benedict-xvi/pt/letters/2009/documents/hf_ben-xvi_let_20090616_anno-sacerdotale.html

BENTO XVI. *Homilia na santa missa por ocasião da conclusão do Ano Sacerdotal*. Vaticano. Disponível em: https://www.vatican.va/content/benedict-xvi/pt/homilies/2010/documents/hf_ben-xvi_hom_20100611_concl-anno-sac.html

BISHOPS' COMMITTEE ON PRIESTLY LIFE AND MINISTRY. The priest and stress. *The Furrow*, v. 33, n. 7, p. 429-439, 1982.

BLANTON, P.; MORRIS, L. Work-related predictors of physical symptomatology and emotional well-being among clergy and spouses. *Review of Religious Research*, v. 40, n. 4, p. 331-348, 1999.

BURNS, J.; FRANCIS, L.; VILLAGE, A. *et al*. Psychological type profile of Roman Catholic priests: an empirical enquiry in the United States. *Pastoral Psychology*, v. 62, n. 3, p. 239-246, 2013.

BÜSSING, A.; BAUMANN, K.; JACOBS, C. *et al*. Spiritual dryness in catholic priests: internal resources as possible buffers. *Psychology of Religion and Spirituality*, v. 9, n. 1, p. 46-55, 2017.

CANNON, W. Stresses and strains of homeostasis. *American Journal of the Medical Sciences*, v. 189, p. 13-14, 1935.

CANNON, W. "Voodoo" death. *American Anthropologist*, v. 44, n. 2, p. 169-181, 1942.

CANNON, W. *La saggezza del corpo*. Milão: Bompiani, 1956.

CANOUÏ, P.; MAURANGES, A. *Le burn-out à l'hôpital: le syndrome d'épuisement professionnel des soignants*. Paris: Elsevier, 2015.

CARABALLO, M. Síndrome de burnout en sacerdotes de una Diócesis de Argentina. *Dios y el hombre*, v. 3, n. 2, 2019.

CAROD, F.; VÁZQUEZ-CABRERA, C. Burnout syndrome in an international setting. *In*: BÄHRER-KOHLER, S. (org.). *Burnout for experts: prevention in the context of living and working*. Nova York: Springer, 2013, p. 15-35.

CHERNISS, C. *Staff burnout: job stress in the human services*. Beverly Hills: Sage, 1980.

CNBB. *Diretrizes para formação dos presbíteros*. Brasília: Edições CNBB, 2019 [Documentos da CNBB 110].

CONCÍLIO ECUMÊNICO VATICANO II. *Presbyterorum Ordinis*. São Paulo: Paulinas, 1966.

CONGREGAÇÃO PARA A EDUCAÇÃO CATÓLICA. Orientações para a utilização das competências psicológicas na admissão e na formação dos candidatos ao sacerdócio. *Sedoc*, v. 41, n. 332, p. 356-370, 2008.

CONGREGAÇÃO PARA O CLERO. *Diretório para o ministério e a vida dos presbíteros*. São Paulo: Paulinas, 2013.

CONGREGAÇÃO PARA O CLERO. *O dom da vocação presbiteral*. São Paulo: Paulinas, 2017.

CONGREGAÇÃO PARA OS BISPOS. *Diretório para o ministério pastoral dos bispos:* Apostolorum Successores. São Paulo: Loyola, 2005.

CONGREGAÇÃO PARA OS INSTITUTOS DE VIDA CONSAGRADA E AS SOCIEDADES DE VIDA APOSTÓLICA. *A vida fraterna em comunidade: congregavit nos in unum Christi amor*. São Paulo: Loyola, 1994.

CONGREGAÇÃO PARA OS INSTITUTOS DE VIDA CONSAGRADA E AS SOCIEDADES DE VIDA APOSTÓLICA. *O dom da fidelidade, a alegria da perseverança*. São Paulo: Paulinas, 2020.

CONGREGAÇÃO PARA OS INSTITUTOS DE VIDA CONSAGRADA E AS SOCIEDADES DE VIDA APOSTÓLICA. *Orientações sobre a formação nos institutos religiosos*. Vaticano. Disponível em: https://www.vatican.va/roman_curia/congregations/ccscrlife/documents/rc_con_ccscrlife_doc_02021990_directives-on-formation_po.html

CONGREGAZIONE PER L'EDUCAZIONE CATTOLICA. Orientamenti educativi per la formazione al celibato sacerdotale. *Enchiridion Vaticanum*. V. 5. Vaticano: EDB, 1974, p. 188-256.

COOPER, C.; DEWE, P.; O'DRISCOLL, M. *Organizational stress: a review and critique of theory, research, and applications*. Thousand Oaks: Sage, 2001.

CREA, G. Correlati psicologici e motivazionali in un caso specifico di burnout professionale: il burnout tra preti e suore. *Rassegna di Psicologia*, v. 35, n. 2, p. 61-75, 2018.

CREA, G.; FRANCIS, L. Professional burnout among catholic religious sisters in Italy: an empirical enquiry exploring the protective role of quality of community life. *Research in the social scientific study of religion*, v. 26, p. 266-290, 2015.

CREA, G.; SANAGIOTTO, V. *Aspectos psicológicos do discernimento vocacional: itinerário psicoformativo para o discernimento vocacional*. São Paulo: Paulinas, 2022.

DARLEY, J.; BATSON, D. "From Jerusalem to Jericho": a study of situational and dispositional variables in helping behavior. *Journal of Personality and Social Psychology*, v. 27, n. 1, p. 100-108, 1973.

DEL CORE, G. Psicologia e vocazione: Quale rapporto? – Possibilità e limiti dell'intervento. *In*: CALTEMI, T.; LUPARIA, M.E.; PALUZZI, S. (orgs.). *Gli dei morti sono diventati malattie – Psichiatria, psicologia e teologia in dialogo*. Roma: Sodec, 2002, p. 1-16.

DIAS, R. Burnout among catholic priests in Brazil: prevalence and associated factors. *Interação em Psicologia*, v. 23, n. 2, p. 255-267, 2019.

DOOLITTLE, B. Burnout and coping among parish-based clergy. *Mental Health, Religion & Culture*, v. 10, n. 1, p. 31-38, 2007.

EDELWICH, J.; BRODSKY, A. *Burn-out: stages of disillusionment in the helping professions*. Nova York: Human Sciences Press, 1980.

FARBER, B. A critical perspective on burnout. *In*: FARBER, B. (org.). *Stress and burnout in the human service professions*. Nova York: Pergamon, 1983.

FICHTER, J. The myth of clergy burnout. *Sociological Analysis*, v. 45, n. 4, p. 373-382, 1984.

FIGLEY, C. Compassion fatigue as secondary traumatic stress disorder: an overview. *In*: FIGLEY, C. (org.). *Compassion fatigue: coping with secondary traumatic stress disorder in those who treat the traumatized*. Nova York: Brunner/Mazel, 1995, p. 1-20.

FONTES, F.H.J. Freudenberger and the making of burnout as a psychopathological syndrome. *Memorandum*, v. 37, p. 1-19, 2020.

FRANCIS, L. The personality characteristics of Anglican ordinands: feminine men and masculine women? *Personality and Individual Differences*, v. 12, n. 11, p. 1.133-1.140, 1991.

FRANCIS, L.; CREA, G. Work-related psychological health and psychological type: a study among Catholic priests in Italy. *Mental Health, Religion & Culture*, v. 18, n. 7, p. 593-604, 2015.

FRANCIS, L.; CREA, G. Psychological temperament and the Catholic priesthood: an empirical enquiry among priests in Italy. *Pastoral Psychology*, v. 64, n. 6, p. 827-837, 2015.

FRANCIS, L.; CREA, G. Happiness matters: exploring the linkages between personality, personal happiness, and work-related psychological health among priests and sisters in Italy. *Pastoral Psychology*, v. 67, n. 1, p. 17-32, 2017.

FRANCIS, L.; JONES, S.; CRAIG, C. Personality and Religion: the relationship between psychological type and attitude toward Christianity. *Archive for the Psychology of Religion*, v. 26, n. 1, p. 15-33, 2004.

FRANCISCO. *Discurso do Papa Francisco aos sacerdotes do internato São Luís dos franceses em Roma*. Vaticano. Disponível em: https://www.vatican.va/content/francesco/pt/speeches/2021/june/documents/papa-francesco_20210607_sacerdoti-sanluigi-deifrancesi.html

FREUDENBERGER, H. The psychologist in a free clinic setting: an alternative model in health care. *Psychotherapy: Theory, Research & Practice*, v. 10, n. 1, p. 52-61, 1973.

FREUDENBERGER, H. Staff Burn-Out. *Journal of Social Issues*, v. 30, n. 1, p. 159-165, 1974.

FREUDENBERGER, H.; RICHELSON, G. *Burn-out the high cost of high achievement*. Disponível em: https://trove.nla.gov.au/work/9932141 – Acesso em: 18/05/2020.

GAUTIER, M.L.; PERL, P.M.; FICHTER, S.J. *Same call, different men: The evolution of the priesthood since Vatican II*. Minnesota: Liturgical Press, 2012.

GODIN, A. Psychologie de la vocation: un bilan. *Le Supplément*, v. 113, p. 151-236, 1975.

GOLDSTEIN, D.; KOPIN, I. Evolution of concepts of stress. *Stress*, v. 10, n. 2, p. 109-120, 2007.

GUSTAFSSON, G.; PERSSON, B.; ERIKSSON, S. *et al*. Personality traits among burnt out and non-burnt out health-care personnel at the same workplaces: A pilot study. *International Journal of Mental Health Nursing*, v. 18, n. 5, p. 336-348, 2009.

HEINEMANN, L.; HEINEMANN, T. Burnout research: emergence and scientific investigation of a contested diagnosis. *Sage*, v. 7, n. 1, p. 1-12, 2017.

HERRERA, H.L. *Incidencia del síndrome de burnout en sacerdotes católicos latinoamericanos y su relación con la inteligencia emocional*. Tese de doutorado. Salamanca: Universidad de Salamanca, 2009. Disponível em: https://dialnet.unirioja.es/servlet/tesis?codigo=91446

HERRERA, H.L.; PEDROSA, I.; GALINDO, M.P. *et al*. Multivariate analysis of burnout syndrome in Latin-American priests. *Psicothema*, v. 26, n. 2, p. 227-234, 2014.

HINKLE, L.E. The concept of "stress" in the biological and social sciences. *The International Journal of Psychiatry in Medicine*, v. 5, n. 4, p. 335-357, 1974.

HOGE, D. *The first five years of the priesthood: a study of newly ordained Catholic priests*. Minnesota: Liturgical Press, 2002.

ISACCO, A.; SAHKER, E.; HAMILTON, D. *et al*. A qualitative study of mental health help-seeking among Catholic priests. *Mental Health, Religion & Culture*, v. 17, n. 7, p. 741-757, 2014.

JACKSON-JORDAN, E.A. Clergy burnout and resilience: a review of the literature. *Journal of Pastoral Care and Counselling*, v. 67, n. 1, p. 1-5, 2013.

JIMÉNEZ, M.-I.; LÓPEZ-ZAFRA, E. Social attitudes and social adaptation among Spanish adolescents: The role of perceived emotional intelligence. *International Journal of Social Psychology*, v. 26, n. 1, p. 105-117, 2011.

JOÃO PAULO II. Pastores Dabo Vobis: *sobre a formação dos sacerdotes*. São Paulo: Paulinas, 1992.

JOÃO PAULO II. *Exortação apostólica pós-sinodal* Vita Consecrata. São Paulo: Paulinas, 1996.

JOÃO PAULO II. *Carta Apostólica* Novo Millennio Ineunte. 4. ed. São Paulo: Loyola, 2000.

JOSEPH, E.; LUYTEN, P.; CORVELEYN, J. *et al*. The Relationship Between Personality, Burnout, and Engagement Among the Indian Clergy. *The International Journal for the Psychology of Religion*, v. 21, n. 4, p. 276-288, 2011.

KNOX, S.; VIRGINIA, S.; SMITH, J. Pilot study of psychopathology among roman catholic secular clergy. *Pastoral Psychology*, v. 55, n. 3, p. 297-306, 2007.

KNOX, S.; VIRGINIA, S.; THULL, J. *et al*. Depression and contributors to vocational satisfaction in roman catholic secular clergy. *Pastoral Psychology*, v. 54, n. 2, p. 139-155, 2005.

LAZARUS, R. *Psychological stress and the coping process*. Nova York: McGraw-Hill, 1966.

LAZARUS, R.; ERIKSEN, C. Effects of failure stress upon skilled performance. *Journal of Experimental Psychology*, v. 43, n. 2, p. 100-105, 1952.

LIZERETTI, N.; EXTREMERA, N.; RODRÍGUEZ, A. Perceived emotional intelligence and clinical symptoms in mental disorders. *The Psychiatric Quarterly*, v. 83, p. 407-418, 2012.

MANZANARES, E.; SOTO, C.; ARATA, M. Estructura interna del Maslach Burnout Inventory (MBI) en una muestra de sacerdotes y religiosas católicas peruanos. *Salud & Sociedad*, v. 7, n. 2, p. 198-211, 2016.

MARIA, P.F.; JOSÉ, A.R.; ÁLVARO, B. *et al*. Psychometrical properties of the "How I Think" Questionnaire (HIT-Q) in adolescents. *Psicothema*, v. 25, n. 4, p. 542-548, 2013.

MASLACH, C. Burned-Out. *Human Behavior*, v. 9, n. 5, p. 16-22, 1976.

MASLACH, C. The client role in staff burn-out. *Journal of Social Issues*, v. 34, n. 4, p. 111-124, 1978.

MASLACH, C. *La sindrome del Burnout: il prezzo dell'aiuto agli altri*. Assis: Cittadella, 1997.

MASLACH, C.; JACKSON, S. Lawyer burnout. *Barrister*, v. 5, n. 2, p. 52-54, 1978.

MASLACH, C.; JACKSON, S. Burned-out cops and their families. *Psychology today*, v. 12, n. 12, p. 59-62, 1979.

MASLACH, C.; JACKSON, S. The measurement of experienced burnout. *Journal of Organizational Behavior*, v. 2, n. 2, p. 99-113, 1981.

MASLACH, C.; JACKSON, S.; LEITER, M. *Maslach Burnout Inventory manual*. 4. ed. Menlo Park: Mind Garden, 2018.

MASLACH, C.; PINES, A. The burn-out syndrome in the day care setting. *Child & Youth Care Forum*, v. 6, n. 2, p. 100-113, 1977.

MASLACH, C.; SCHAUFELI, W. Historical and conceptual development of burnout. *In*: SCHAUFELI, W.; MASLACH, C.; MAREK, T. (orgs.). *Professional burnout: Recent developments in theory and research*. Nova York: Taylor & Francis, 1993, p. 1-16.

MASLACH, C.; SCHAUFELI, W.; LEITER, M. Job Burnout. *Annual Review of Psychology*, v. 52, n. 1, p. 397-422, 2001.

MAVROVELI, S.; PETRIDES, K.; RIEFFE, C. *et al*. Trait emotional intelligence, psychological well-being and peer-rated social competence in adolescence. *British Journal of Developmental Psychology*, v. 25, n. 2, p. 263-275, 2007.

MEAGHER, B. The effects of interpersonal differences within religious communities: a group actor-partner interdependence model of U.S. congregations. *The International Journal for the Psychology of Religion*, v. 25, n. 1, p. 74-90, 2015.

MILLS, L.; HUEBNER, S. A Prospective study of personality characteristics, occupational stressors, and burnout among school psychology practitioners. *Journal of School Psychology*, v. 36, n. 1, p. 103-120, 1998.

MINER, M. Changes in burnout over the first 12 months in ministry: links with stress and orientation to ministry. *Mental Health, Religion & Culture*, v. 10, n. 1, p. 9-16, 2007.

MONAT, A.; LAZARUS, R. *Stress and coping: an anthology*. Nova York: Columbia University Press, 1999.

MORAIS, M.F. Stress, burnout, coping *em padres responsáveis pela formação de seminaristas católicos*. Tese de doutorado. São Paulo: PUC-SP, 2008. Disponível em: http://bdtd.ibict.br/vufind/Record/PUC_SP-1_23ce35c5a2ca8f98359476ba7320f125

MÜNSTERBERG, H. *Psychology and industrial efficiency*. Boston: Houghton Mifflin, 1913.

OLIVEIRA, K.G.; KRUEGER, R. Validity of the DSM-5 alternative personality disorder model in Brazilian clinic and non-clinic samples. *Annual Meeting of the Society for Research in Psychopathology*. Nova Orleans: Society for Research in Psychopathology, 2015.

ORTEGA, C.; LÓPEZ, F. El burnout o síndrome de estar quemado en los profesionales sanitarios: revisión y perspectivas. *Journal of Clinical and Health Psychology*, v. 4, n. 1, p. 137-160, 2004.

OSLER, W. *The evolution of modern medicine*. Londres: Gutenberg, 1913.

OXFORD DICTIONARY. Burn-out. 7. ed. Nova York: Oxford University Press, 2005, p. 201.

PEREIRA, W. *Sofrimento psíquico dos presbíteros: dor institucional*. Petrópolis: Vozes, 2012.

PERLMAN, B.; HARTMAN, A. Burnout: summary and future research. *Human Relations*, v. 35, n. 4, p. 283-305, 1982.

PIETROMONACO, P.; NISBETT, R. Swimming upstream against the fundamental attribution error: subjects' weak generalizations from the Darley and Batson Study. *Social Behavior and Personality: an International Journal*, v. 10, n. 1, p. 1-4, 1982.

PINES, A.; MASLACH, C. Characteristics of staff burn-out in mental health settings. *Hospital & community psychiatry*, v. 29, n. 3, p. 233-237, 1978.

RABIN, S.; FELDMAN, D.; KAPLAN, Z. Stress and intervention strategies in mental health professionals. *British Journal of Medical Psychology*, n. 72, p. 159-169, 1999.

RAJ, A.; DEAN, K. Burnout and depression among catholic priests in India. *Pastoral Psychology*, v. 54, n. 2, p. 157-171, 2005.

RAYBURN, C.; RICHMOND, L.; ROGERS, L. Men, women, and religion: stress within leadership roles. *Journal of Clinical Psychology*, v. 42, n. 3, p. 540-546, 1986.

ROBINSON, A. Let's talk about stress: history of stress research. *Review of General Psychology*, v. 22, n. 3, p. 334-342, 2018.

RONZONI, G. *Ardere, non bruciarsi – Studio sul burnout tra il clero diocesano.* Pádova: EMP, 2008.

ROSSÉ, G. *Importunate il buon Dio – Pensieri e discorsi del curato d'Ars.* Roma: Città Nuova, 2000.

ROSSETTI, S.J.; RHOADES, C. Burnout in catholic clergy: a predictive model using psychological and spiritual variables. *Psychology of Religion and Spirituality*, v. 5, n. 4, p. 335-341, 2013.

RUIZ-PRADA, M.; FERNÁNDEZ-SALINERO, S.; GARCÍA-AEL, C. *et al.* Occupational stress and catholic priests: a scoping review of the literature. *Journal of Religion and Health*, v. 60, n. 6, p. 3.807-3.870, 2021.

RULLA, L.; IMODA, F.; RIDICK, J. *Struttura psicologica e vocazione: motivazioni di entrata e di abbandono.* Turim: Mariette, 1977.

SALOVEY, P.; MAYER, J. Emotional Intelligence. *Imagination, Cognition and Personality*, v. 9, n. 3, p. 185-211, 1990.

SANAGIOTTO, V. Psicologia e formação: gestão da crise no contexto formativo. *Convergência*, v. 54, n. 526, p. 42-49, 2019.

SANAGIOTTO, V. *Analisi della sindrome di burnout tra i sacerdoti e i religiosi brasiliani: un'indagine sul campo tra i domini di personalità e la gestione delle emozioni.* Curitiba: Ed. do autor, 2022.

SANAGIOTTO, V. Aspetti educativi e risposta vocazionale. *In*: GRAMMATICO, S. (org.). *Vocazione: prospettiva di vita e aspetti educativi.* Roma: Rogate, 2022.

SANAGIOTTO, V.; CAMARA, C.; PACCIOLLA, A. A síndrome de burnout na vida religiosa consagrada feminina: as contribuições da vida em comunidade. *Angelicum*, v. 99, n. 1, p. 39-63, 2022.

SANAGIOTTO, V.; PACCIOLLA, A. Formação à afetividade na vida religiosa consagrada: uma investigação empírica sobre os contextos formativos. *REB*, v. 80, n. 317, p. 504-518, 2020.

SANAGIOTTO, V.; PACCIOLLA, A. (orgs.). *A autotranscendência na logoterapia de Viktor Frankl.* Petrópolis: Vozes, 2022.

SANAGIOTTO, V.; PACCIOLLA, A. Exaustos, porém, realizados! – Análise descritiva da síndrome de burnout entre os padres e religiosos brasileiros. *REB*, v. 82, n. 321, p. 193-207, 2022.

SANAGIOTTO, V.; PACCIOLLA, A. A relação entre inteligência emotiva e os domínios de personalidade psicopatológicos entre os padres e religiosos brasileiros. *Rever*, v. 22, n. 2, p. 155-171, 2022.

SCHAUFELI, W.; BUUNK, B. Burnout: an overview of 25 years of research and theorizing. *In*: SCHABRACQ, M.; WINNUBST, J.; COOPER, C. (orgs.). *The handbook of work and health Psychology*. Wiley-Blackwell: John Wiley, 2004, p. 383-425.

SCHAUFELI, W.; ENZMANN, D. *The burnout companion to study and practice: a critical analysis*. Londres: Taylor and Francis, 1998.

SCHAUFELI, W.; GREENGLASS, E. Introduction to special issue on burnout and health. *Psychology & health*, v. 16, n. 5, p. 501-510, 2001.

SCHAUFELI, W.; LEITER, M.; MASLACH, C. Burnout: 35 years of research and practice. *Career Development International*, v. 14, n. 3, p. 204-220, 2009.

SCHUTTE, N.; MALOUFF, J.; HALL, L. *et al*. Development and validation of a measure of emotional intelligence. *Personality and Individual Differences*, v. 25, n. 2, p. 167-177, 1998.

SELYE, H. A Syndrome produced by diverse nocuous agents. *Nature*, v. 138, n. 3.479, p. 32, 1936.

SELYE, H. Stress and the general adaptation syndrome. *British Medical Journal*, v. 1, n. 4.667, p. 1.383-1.392, 1950.

SELYE, H. The stress syndrome. *The American Journal of Nursing*, v. 65, n. 3, p. 97-99, 1965.

SELYE, H. *Stress in health and disease*. Boston: Butterworths, 1976.

SILVA, R.F. *Burnout e suas ressonâncias em ministros religiosos: parâmetros para prevenção*. Dissertação de mestrado. São Paulo: Universidade Presbiteriana Mackenzie, 2018. Disponível em: http://tede.mackenzie.br/handle/tede/3685

SIMÕES, T.E. *O significado da síndrome de burnout no discurso do sujeito coletivo de religiosos de uma instituição eclesial de vida ativa*. Dissertação de mestrado. São Paulo: USP, 2017. Disponível em: http://www.teses.usp.br/teses/disponiveis/47/47134/tde-26042017-093355/ – Acesso em: 01/06/2020.

TAMAYO, M. *Relação entre a síndrome de burnout e os valores organizacionais no pessoal de enfermagem de dois hospitais públicos*. Dissertação de mestrado. Basília: UnB, 1997.

TAYLOR, F.W. *Scientific management, comprising shop management, the principles of scientific management [and] testimony before the special house committee*. Nova York: Harper, 1947.

TOLEDO, A.; DUCA, J.G.M.; COURY, M.I.F. Tradução e adaptação transcultural da versão brasileira do Schutte self-report emotional intelligence test. *Revista Brasileira de Educação Médica*, v. 42, n. 4, p. 109-114, 2018.

VALLE, E. Estresse ou fadiga de compaixão nos religiosos de hoje? *Convergência*, v. 55, n. 737, p. 791-801, 2010.

VENINGA, R.; SPRADLEY, J. *The work stress connection: how to cope with job burnout*. Nova York: Ballantine, 1981.

VICENTE-GALINDO, M.P.; LÓPEZ-HERRERA, H.; PEDROSA, I. *et al*. Estimating the effect of emotional intelligence in wellbeing among priests. *International Journal of Clinical and Health Psychology*, v. 17, n. 1, p. 46-55, 2017.

VIRGINIA, S. Burnout and depression among roman catholic secular, religious, and monastic clergy. *Pastoral Psychology*, v. 47, n. 1, p. 49-67, 1998.

WALSH, J. Burnout and values in the social service profession. *Social Casework*, v. 68, n. 5, p. 279-283, 1987.

WALTHER, L. *Tecnopsicologia do trabalho industrial*. São Paulo: Melhoramentos, 1929.

WEAVER, A.; LARSON, D.; FLANNELLY, K. *et al*. Mental health issues among clergy and other religious professionals: a review of research. *Journal of Pastoral Care & Counselling*, v. 56, n. 4, p. 393-403, 2002.

WEBB, B.; CHASE, K. Occupational distress and health among a sample of Christian clergy. *Pastoral Psychology*, v. 68, n. 3, p. 331-343, 2019.

WORLD HEALTH ORGANIZATION. *ICD-11 – International Statistical Classification of diseases and related health problems*. WHO, 2022.

ZATTONI, M.; GILLINI, G. Visti dai laici. Domande ai consacrati. *Vita Consacrata*, v. 41, n. 1, p. 73-77, 2005.

Conecte-se conosco:

 facebook.com/editoravozes

 @editoravozes

@editora_vozes

 youtube.com/editoravozes

+55 24 2233-9033

www.vozes.com.br

Conheça nossas lojas:
www.livrariavozes.com.br

Belo Horizonte – Brasília – Campinas – Cuiabá – Curitiba
Fortaleza – Juiz de Fora – Petrópolis – Recife – São Paulo

  Vozes de Bolso

EDITORA VOZES LTDA.
Rua Frei Luís, 100 – Centro – Cep 25689-900 – Petrópolis, RJ
Tel.: (24) 2233-9000 – E-mail: vendas@vozes.com.br